EXCLUSIVO PARA TI

Club de Amigos de
Miguel Ángel Segura en WhatsApp

«Vídeos, audios, conferencias, contenidos extra de los libros, novedades, promociones, etc».

Para preservar tu privacidad hemos creado lo que se conoce como «Lista de Difusión». Los contenidos que te enviemos los recibirás de forma privada, nadie más tendrá tu número de teléfono ni recibirás notificaciones de otros.

PASOS A SEGUIR PARA UNIRTE A LA LISTA

1) Guarda el número 698 95 17 21 en la agenda de tu teléfono. Si no lo haces no podrás recibir nuestros WhatsApp desde la lista de difusión.

2) Una vez guardado el número en la agenda de tu teléfono, envíanos un WhatsApp al 698 95 17 21, diciéndome tu nombre y solicitando unirte a la lista de difusión.

Si pasado un plazo de 48 horas no has recibido un mensaje de confirmación, por favor, vuelve a escribirnos.

Hospital del Tórax

Lo que nadie te ha contado

Miguel Ángel Segura

www.miguelangelsegura.com

Edición: Marzo 2020.

©Editorial Segurama.
www.miguelangelsegura.com

Autor: Miguel Ángel Segura.
Maquetación: ©Miguel Ángel Segura.
Imagen de portada: Fotolia.
Diseño de cubierta: ©Miguel Ángel Segura.

IMPRESO EN ESPAÑA (UNIÓN EUROPEA)

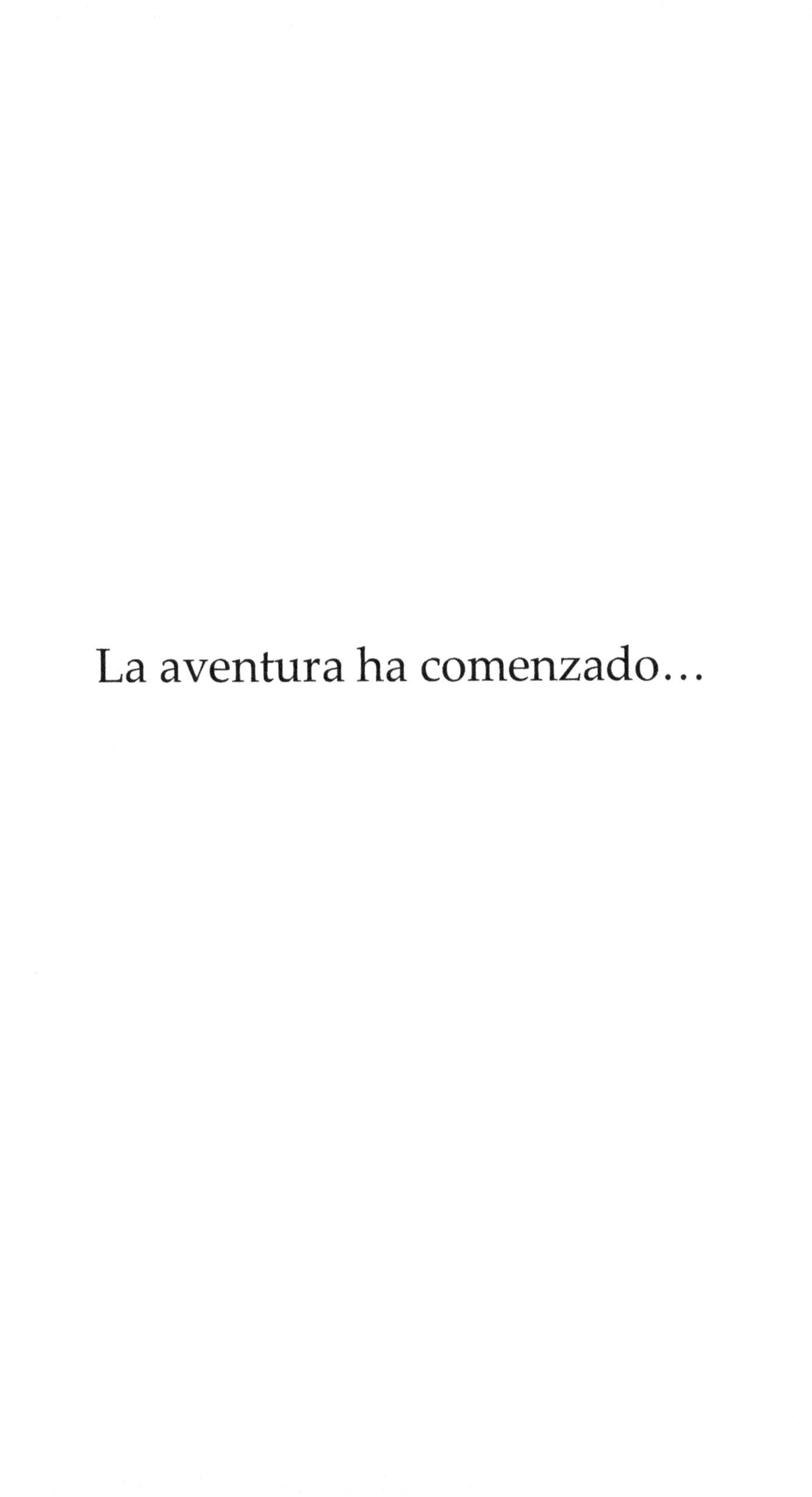

La aventura ha comenzado...

Agradecimientos

Este libro va dedicado a todos mis lectores y, muy especialmente, a los seguidores incondicionales del hospital del Tórax. He querido plasmar en estas páginas muchas de las cuestiones que hasta la fecha no he contado porque creo que tenéis todo el derecho del mundo a conocerlas.

Aunque me he permitido redactar los sucesos, las anécdotas y los acontecimientos de manera que no perjudiquen a terceras personas, manteniendo así su anonimato; puesto que el objetivo del libro es desvelar la realidad de muchas vivencias, pero, sin que ello trascienda en consecuencias negativas para nadie, ni siquiera para aquellos que han intentado destruirme por cuestiones que conoceremos en esta obra.

Mención especial a mi prima Mari, por la corrección del libro. ¡Muchas gracias!

También a mis amigas Aran y Karol, de Kara´n fotodepilació de Terrassa, por tantas tardes de conversaciones interesantes en el centro.

No me olvido de todas y cada una de las personas que, son cientos, he conocido gracias al Tórax. También mención especial para aquellos que tuvieron relación con el lugar y que no puedo mencionar por cuestiones obvias. Vosotros sabéis quiénes sois.

¡Un fuerte y cariñoso abrazo a todos!

Aclaraciones

Para evitar confusiones y problemas con terceras personas quiero dejar claro que mi intención no es perjudicar a nadie. No obstante, he omitido nombres y fechas para salvaguardar el anonimato de algunos implicados en este asunto. También dejo claro que alguna de las historias puede estar modificada, con el fin de proteger la identidad de ciertos individuos, pero todo lo que se cuenta en estas páginas está extraído de la más absoluta realidad. Por tanto, si hay modificaciones con respecto a la realidad, es sólo para evitar dañar a terceros y mantener el anonimato de algunas personas.

La casa del palomar

Desde el año 2003 que me inicié en el mundillo del misterio tuve un objetivo en mente: el hospital del Tórax. El lugar me atrapaba al verlo desde fuera.

Un día como otro cualquiera, José, un amigo de Cádiz, que por aquella época residía en Terrassa me dijo que conocía a una persona vinculada al hospital y que se podía visitar por las zonas exteriores, incluso me comentó que detrás del edificio habían instalado un palomar donde los amigos de estas aves pasaban largas horas con sus animales disfrutando de su compañía. Fue tras esa charla cuando el inexperto de mí, en temas de investigación por aquella fecha, decidió enfrentarse al caso más importante que había tenido ante sí desde que se dedicaba al misterio, aunque por entonces ignoraba la grandeza de la investigación y todas sus consecuencias que pronto se me vendrían encima, tanto las positivas, como las negativas.

Había investigado casos de tercera división, pero de repente se presentaba ante mí un debut en el coliseo del misterio, iba a debutar en primera división en el estadio más grande de España. Un sueño hecho realidad estaba a punto de cumplirse.

Acudimos por la tarde hasta al mítico sanatorio —nombre con el que es conocido en Terrassa el hospital del Tórax— y aparcamos mi Renault 19 en el parking que hay en la zona exterior del recinto. Nos acercamos andando sigilosamente hasta llegar delante del inmenso edificio. Las sensaciones eran de lo más extremas, sentíamos una enorme alegría y una emoción que nos invadía por dentro. Tener ante nuestros ojos ese gigantesco edificio de nueve plantas fue como ver a tu ídolo delante de ti: no sabes qué hacer o qué decir en esos instantes. La sensación era indescriptible, sólo aquellos que hayáis podido conocer de cerca a vuestros ídolos o hayáis visto cumplido un sueño que pensasteis que sería inalcanzable podréis entender lo que percibí aquella tarde al estar delante del edificio.

Continuamos caminando por la zona lateral mientras nuestra mirada seguía puesta en los muros de aquella belleza arquitectónica castigada por el paso de las décadas, hasta que llegamos a la parte posterior, donde se ubicaba el palomar. Allí nos encontramos con el amigo de José y, casualmente, con un viejo amigo mío de la infancia que tenía allí sus palomas. Esa tarde, aquel amigo del barrio me invitó a acudir allí cada vez que quisiera; pasé muchas tardes con él recordando anécdotas de nuestra niñez y compartiendo momentos muy enriquecedores.

Ver el rostro del Tórax desde el palomar es increíble, los que habéis estado allí lo sabéis; pone los pelos de punta, te sientes como una hormiga, el lugar impone y no te deja indiferente, tienes la sensación de que el edificio se te puede caer encima en cualquier momento. Es sin duda una experiencia única.

Hubo algo que me llamó poderosamente la atención, y es que mi amigo me explicó que el lugar era frecuentado por muchas personas que se acercaban hasta allí para fotografiarlo desde el exterior, algunas de ellas se quedaban sorprendidas porque sus cámaras fotográficas dejaban de funcionar cuando se acercaban a los muros del edificio, incluso hubo quien dijo que las imágenes les salían borrosas o negras, teniendo que marcharse de allí tras ver que era imposible sacarle una instantánea al edificio. Recuerdo que me contó una anécdota muy curiosa en la cual una pareja tras lanzar decenas de fotografías y comprobar que todas salían negras salieron de allí gritando que el lugar estaba maldito. No han sido los únicos, según me explicó mi amigo. Muchas personas abandonaban el lugar perplejas, aunque no todas. Otras conseguían captar el edificio a modo de instantánea sin tener ningún tipo de problema. Esto me demuestra, una vez más, que el misterio es caprichoso y solo se manifiesta ante algunas personas, es por este motivo que la polémica sobre su realidad o no continúa en un abierto debate. Las personas nos regimos por nuestras experiencias, por lo que aquellos que se han topado con lo extraño defienden la realidad de lo paranormal y quienes no lo han hecho niegan a ultranza su existencia. Yo defiendo la realidad del fenómeno, pero entiendo que haya personas que al no haberlo experimentado crean que todo es una patraña.

El primer día que acudimos al hospital recorrimos las zonas externas con mirada de asombro debido a las dimensiones del lugar y su cara tan siniestra, y eso que era de día; por la noche el Tórax tenía que ser un enclave terrorífico en cuanto a sensaciones y estética.

Tras empaparnos de las emociones que desprendían los muros del edificio, el palomar y el mítico jardín apodado «la Jungla», nos percatamos de que había una Capilla y dos casas, una a cada lateral. Intentamos entrar a la primera vivienda pero se encontraba cerrada, igual que la Capilla, así que decimos acceder a la otra casa; era la única estancia del recinto que se encontraba abierta. Ni siquiera tenía puerta, se podía entrar tranquilamente.

Posteriormente supimos que estas casas se utilizaban antaño como zona de vestuarios, donde los empleados se cambiaban: una era para hombres y otra para mujeres.

La casa que bautizamos posteriormente como «la casa del palomar» tiene un pequeño recibidor que da a un pasillo, en el cual nos encontramos varias habitaciones a cada lado. Alguna de ellas ha sido utilizada como escenario de películas y filmaciones de otro tipo. Hay una cocina que en su día pensamos que formaba parte de la vivienda pero que en realidad, según nos contaron fuentes vinculadas al recinto, formaba parte del escenario de un film.

Aquella tarde realizamos fotografías del interior de la casa llegándonos a topar con un fenómeno extraño y que se repetiría durante los cuatro años de investigación que pasé estudiando los misterios que envuelven al hospital. Se trata de anomalías en los aparatos, concretamente aquella tarde las pilas de la cámara de fotos se descargaron sin causa aparente tras haber realizado poco más de una docena de instantáneas. Procedimos a cambiar las pilas, instantes después, ante nuestra mirada de asombro fuimos testigos de cómo las pilas nuevas se volvían a descargar tras realizar varias fotografías. Fue un suceso tan extraño como emocionante, dejándonos claro desde entonces la realidad de un fenómeno que muchos han intentado silenciar cuando las cosas han dejado de interesarles, mientras todo era favorable han contribuido a promocionar el lugar a bombo y platillo.

La primera experiencia vivida en el Tórax me marcó de forma positiva y me animó a seguir visitando el recinto, siempre en compañía de mi amigo palomero y José.

Durante nuestra segunda visita al lugar registramos el mismo fenómeno con la cámara fotográfica, era extraño que habiéndola utilizado en otros lugares nunca hubiese fallado antes, pero la casa del palomar la energía se consumía a una velocidad feroz. Aquella tarde gastamos un paquete de cuatro pilas nuevas —la cámara utiliza dos pilas— y tan sólo pudimos realizar una decena de fotografías.

Las grabaciones psicofónicas también estuvieron presentes en el segundo día de investigación y en jornadas posteriores durante los cuatro años de trabajo. Algunas de las voces obtenidas nunca han visto la luz pública debido a que han sido cientos las inclusiones registradas en los años de investigación y es imposible exponerlas todas. Conozcamos así algunas de estas voces registradas en estos cuatro años de investigación en la casa del palomar.

—¿Ha muerto alguien aquí?

—Tantos y tantos.

Formulamos esta pregunta en el interior de una de las habitaciones tras experimentar varios cambios de temperatura corporal, por lo que asociamos esa bajada ambiental a la teoría espiritual que asegura que en los momentos previos a una manifestación paranormal se producen bajadas de temperatura porque el espíritu de la persona fallecida absorbe energía de nuestro mundo para coger fuerza y poder manifestarse mejor. Sea cierta, o no, esta hipótesis, el resultado es que nuestras grabadoras registraron una voz que llamó poderosamente nuestra atención: «tantos y tantos».

—¿Qué era esta casa?

—Casa de hombres.

Especulamos mucho sobre para qué fue utilizada la vivienda cuando el sanatorio estaba en pleno funcionamiento. Meses después, cuando me adentré en los archivos comarcales de Terrassa disipé mis dudas, pero antes de mi investigación documental nos planteamos varias hipótesis, incluso nos apoyamos en las voces psicofónicas para intentar resolver aquella incógnita. Fueron varias las preguntas que formulamos con este fin, hasta que un día, cuando ya pensábamos que no obtendríamos respuesta, una voz masculina y de mediana edad nos dejó un mensaje en nuestro equipo de registro que nos inquietó porque no supimos interpretar en su momento, hasta que las dudas desaparecieron cuando tuve ante mí en la calle Pantano, un documento explicando que las casas que hay junto a la Capilla era utilizadas por los empleados del centro sanitario; una era para hombres y otra para mujeres.

—¿Vivía el cura aquí?
—Murió.

Una de las hipótesis principales que barajamos en un primer instante, aunque sin objetividad ninguna, ya que no poseíamos datos para ello, fue que podría ser la vivienda donde residía el párroco de la Capilla. Parecía lógico pensar que sería así, ya que la idea para nada era descabellada, normalmente las Iglesias tienen su zona de vivienda donde reside el cura, por lo tanto quisimos plantear esta teoría a las voces del más allá con el fin de corroborar nuestra hipótesis, pero, inexplicablemente, la respuesta que captamos en la grabadora nada tuvo que ver con la pregunta formulada, al menos aparentemente. Meses después, una persona con capacidad sensitiva me dijo que la Capilla estaba habitada por un cura que falleció hace años, pero que no lo hizo en el hospital; sin embargo su espíritu estaba atrapado allí porque sentía un vínculo muy fuerte que lo unía al lugar. No sé si será cierto o no, ya que no tengo ninguna prueba que avale la veracidad del testimonio, más que mi propia intuición, que me dice que aquel hombre no miente. Otra cosa es que tenga algún problema mental y se crea todo aquello que es capaz de imaginar. No soy doctor para saberlo, pero sí tengo experiencia entrevistando testigos y estoy convencido de que él cree realmente en lo que dice.

—¿Realmente ocurren fenómenos paranormales aquí?
—Malos momentos.

Había escuchado rumores que hablaban de fenómenos paranormales en el lugar, pero creía, inocente de mí, que todo formaba parte del rumor popular, sin embargo, después de los primeros días realizando fotografías en las zonas exteriores ya me había topado con lo extraño sufriendo anomalías en mi cámara fotográfica, por eso quisimos plantear la pregunta de si realmente sucedían fenómenos paranormales en el Tórax y, en concreto en la casa del palomar. La respuesta no tardó en aparecer; una voz en tono extraño y diferente al resto de inclusiones captadas hasta el momento nos dejó una frase que conseguimos asociar con la pregunta previamente planteada: «malos momentos». ¿Malos momentos para qué?, pensamos en aquel instante. Cuanto menos la respuesta nos demostró que psicofonías sí se registraban, algo es algo, pensamos con una leve sonrisa en la cara.

En ocasiones se registran voces que parecen ecos del pasado, como extrañas impregnaciones o fragmentos de antiguos acontecimientos que trascurrieron en el lugar donde se realizan las grabaciones. Es por Esto que siempre he defendido la teoría de que las psicofonías son un fenómeno de múltiple procedencia. Prueba de ello es este registro obtenido.

—¿Quién eres?

—Carmelita.

Habíamos registrado varias psicofonías que parecían proceder de una misma voz, pero no sabíamos si era casualidad o si por lo contrario detrás de las inclusiones estaba una misma entidad. Por norma general es muy complicado obtener registros en una misma sesión de grabación donde las voces sean las mismas, aun así se han dado casos donde Esto ha ocurrido. Personalmente he vivido experiencias de este tipo en varios lugares, entre ellos el hospital del Tórax. Por eso, la pregunta obligada cuando te topas con una situación similar es la que formulamos aquella tarde. Aunque para sorpresa del grupo registramos una voz femenina que nos respondió; las voces que parecían proceder de una misma entidad, habían sido hasta el momento masculinas, por lo que al rebobinar la grabación y escuchar su contenido, nos quedamos algo descolocados.

—¿Tienes algún mensaje para nosotros?

—No te vayas.

Los investigadores suelen plantear preguntas en busca de respuestas que los orienten en sus investigaciones, pero no tienen por costumbre preguntar a las voces si desean algo de ellos o tienen algún mensaje que decirles. Somos pocos los experimentadores que planteamos este tipo de cuestiones y, creo que es necesario hacerlo, ya que es una forma perfecta para estrechar lazos con la causa paranormal puesto que de alguna forma te implicas con ella y creas un vínculo de confianza y cercanía. No todo va a ser recibir información, de vez en cuando tenemos que estar predispuestos a escuchar las peticiones que nos llegan desde ese otro lado. Por este motivo preguntamos a la causa paranormal si tenía algún mensaje para nosotros. La respuesta obtenida puede tener varias lecturas, nosotros coincidimos en que la entidad quizá se sentía sola y nuestra presencia le hacía compañía, por eso su petición de que no nos marcháramos del lugar. Aunque como digo, es tan solo una intuición, el sentido del mensaje podría ser otro muy distinto.

—¿Necesitáis nuestra ayuda?

—No es posible.

Otra de las preguntas obligadas es la que formulamos en la mayoría de ocasiones y que tiene el mismo fin que lo expuesto unas líneas más arriba. No sabemos qué o quién se manifiesta, pero sí tenemos constancia de que es inteligente, debido a que en ocasiones responden a preguntas que previamente hemos planteado, por lo que algunos de nuestros mensajes van encaminados a saber si necesitan algo de nosotros o si podemos brindarles algún tipo de apoyo. Por norma general las respuestas van en la línea de la que obtuvimos aquella tarde. Es como si desde nuestro mundo apenas pudiéramos hacer nada por ellos, o por lo menos yo no tuviera la capacidad de ayudarles. Comento Esto, porque hay personas que aseguran poseer cierta capacitación para poder ofrecer su ayuda a estas entidades del más allá, sin embargo, desconozco si estas personas mienten o no, puesto que hay mucho aprovechado dentro de estos temas que solo busca llenarse los bolsillos con mentiras y artimañas. De todas formas he conocido personas que realmente parecen poseer cierta sensibilidad para establecer comunicaciones más fluidas que yo con este tipo de inteligencias, por lo que no puedo descartar la posibilidad de que sus afirmaciones sean reales.

—¿Habita el mal en estos muros?

—No digas eso.

Una mujer que afirmaba poder comunicarse con los difuntos me aseguró que en la casa del palomar habitaba una fuerza negativa; algo que me sorprendió, nuestras sensaciones en el lugar eran de tranquilidad y sosiego, a pesar de ello la señora insistía en que allí dentro reinaban fuerzas oscuras. Como imaginarán la pregunta psicofónica era obligada: «¿habita el mal en estos muros?». La respuesta puso en jaque las afirmaciones de aquella supuesta sensitiva que, a pesar de que las voces negaran sus palabras, ella continuaba insistiendo en que la casa estaba poseída por fuerzas malignas. Mi conclusión tras valorar mis sensaciones y experiencias, y las de mis compañeros, era que en la vivienda no habitaban energías negativas, a pesar de lo que nos contó la mujer. De todas formas respeto su opinión aunque no la comparta. De hecho, ni siquiera las entidades que parecen comunicarse desde allí la comparten.

Nuestra experiencia en la casa del palomar ha sido realmente interesante en estos años de investigación, es una zona muy interesante de investigar, aunque una vez que tuvimos acceso al interior del hospital dejamos un poco de lado esta estancia, pero de vez en cuando la visitábamos para seguir estudiando sus misterios.

Puedo resumir la casa del palomar como un lugar donde la energía te envuelve, pero sobre todo, donde las anomalías en los aparatos es prácticamente una constante, al menos lo fue en nuestros primeros días de investigación. Actualmente no sé si Estos y otros fenómenos seguirán produciéndose en el interior de sus paredes, quiero creer que sí, puesto que la

intensidad de las manifestaciones era tan fuerte que me re-
sultaría extraño que hubiesen desaparecido en tan pocos
años.

La casa del cura

Tuve que visitar los exteriores del hospital en varias ocasiones hasta poder acceder a la casa que hay al otro lado de la Capilla, la cual apodamos como «la casa del cura». Le pusimos este nombre para diferenciarla de la vivienda del palomar; además de por su proximidad con la Iglesia.

La primera vez que me adentré entre sus paredes noté una sensación que me acompañó en el resto de visitas. El interior de la estancia trasmite fuertes emociones, al menos yo las he percibido así y la mayoría de compañeros también. El mal rollo que se respira en esa casa no se puede describir con palabras, es como si el lugar guardase dentro de sí una carga de energía muy pesada y negativa, uno tiene la impresión de que arrastra vivencias no demasiado positivas, es como si el pasado del lugar fuese trágico y a día de hoy los acontecimientos ocurridos allí se dejarán percibir por quienes visitan la vivienda. A pesar de esta sensación pesada e intensa no poseo ningún dato que me demuestre que realmente ocurriera algo truculento en la casa del cura, sólo son conjeturas a las cuales llego mediante lo que allí pude percibir tanto yo, como otras personas que han visitado el lugar. Podemos decir que la casa del palomar trasmite una sensación más neutra o positiva que la casa del cura.

El lugar estaba lleno de materiales relacionados con las palomas, al parecer los palomeros utilizaban la casa como almacén y, quizá por eso, en ocasiones estaba cerrada, aunque mi amigo de la infancia me dijo que no era así, sin embargo, ¿entonces por qué estaba aquello lleno de comida para palomas y de objetos relacionados con estos animales? Sea como fuere, este dato tampoco es relevante, aunque sí me llamó la atención la aparente contradicción.

Mientras paseaba por el largo pasillo y observaba las habitaciones a ambos lados, algunas sin puertas y otras llenas de escombros, percibía esa negatividad de la que hablo, sin ser capaz de adentrarme solo en alguna de las estancias. Creo que en todos los años de investigación he estado solo en esa casa no más de una o dos ocasiones, y cuando me he adentrado con la soledad como compañera, han sido unos minutos escasos.

Una noche, Alberto me contó una experiencia que había tenido en el lugar, al parecer fue testigo de una extraña aparición; me aseguró que había visto una figura oscura que parecía portar el hábito de un monje, incluso definió aquel ser como un hombre con capucha de casi dos metros de estatura.

Apenas conocía al testigo, por lo cual no podía darle demasiada importancia a su historia, aunque el chico parecía sincero y quería mantener su anonimato a toda costa, lo que me hizo intuir que quizá estaba diciendo la verdad o al menos su verdad, ya que no podía descartar la posibilidad de que la experiencia fuese fruto de la sugestión.

Unos meses después, incluso creo que pudieron pasar un par de años, no recuerdo las fechas con exactitud, uno de los vigilantes que trabajaba por aquella época en el hospital —omitiré su nombre por respeto a esta persona— registró una imagen extraña en el interior de la casa, en la que aparecía claramente una silueta de monje que flotaba en el ambiente. La imagen la han podido ver cientos de personas, por lo que quizá usted haya podido ser uno de ellos, creo que incluso la subieron a Internet durante una temporada.

Aquella instantánea registrada por el empleado de seguridad le dio validez al testimonio de Alberto, quién unos meses antes había sido testigo de esta figura espectral.

Otras personas aseguran que dentro de la casa tenían problemas con los teléfonos móviles y las cámaras fotográficas, incluso hay quien afirma que la cámara de vídeo no le funcionaba en el interior de la vivienda, teniendo que salir al jardín para poder grabar.

Otro suceso escalofriante que ocurrió en esta zona, o al menos supuestamente, ya que hubo una temporada que estuvo trabajando como vigilante en el hospital un chico que nos contó muchas historias las cuales al final resultaron ser falsas: es un mentiroso compulsivo según supimos después gracias a varias personas de su círculo más cercano. El testimonio de la mayoría de compañeros que lo conocían, delataban que este vigilante era bastante mentiroso.

La historia que nos contó este mentiroso compulsivo fue la siguiente: «mi compañero había echado a un grupo de personas que se habían colado en el edificio, pero la cosa no quedó ahí, porque los muchachos amenazaron a mi compañero diciendo que lo iban a matar. Unos días después vio cómo varias personas se colaban por la parte trasera y se escondían en la casa que hay al lado de la Iglesia. Mi compañero entró en la estancia para decirles que salieran de allí, pero de repente, notó como lo golpeaban; pudo ver a varias personas con capucha mientras recibía golpes por todas partes. Por suerte pudo escapar de la emboscada, pero se llevó varios golpes importantes».

El vigilante que nos explicó esta historia tiene a día de hoy muy poca credibilidad, aunque hubieron otros compañeros que llegaron a corroborar que era cierta, de todos modos no pondría la mano en el fuego si tuviera que apostar por su veracidad.

Ahora vamos a conocer algunas de las psicofonías registradas en la casa del cura y que no han visto la luz pública hasta la fecha.

—¿Por qué se respira tanta maldad aquí?

—No la hay.

Todo lo contrario que en la casa del palomar, en esta otra vivienda se percibía una extraña fuerza negativa que parecía custodiar el lugar. Se hacía muy duro pasear por las estancias de la casa y permanecer demasiado tiempo allí dentro; estábamos convencidos de que algo oscuro se escondía allí, ¿pero qué o quién era?, ¿quizá un antiguo empleado?, ¿un enfermo que falleció hace décadas?, ¿un ser de otro mundo? No teníamos respuestas para contestar a nuestras incógnitas, por lo que decidimos apoyarnos en las voces del más allá para intentar aportar un poco de luz en esta historia. El resultado fue que una voz masculina y con tono de pocos amigos nos dijo que no hay maldad en la casa del cura. ¿Entonces cómo era posible que tanto mis compañeros como yo percibiéramos aquella angustia irrespirable allí dentro?

—¿Ocurrió algo oscuro en esta casa?

—No te escuchan.

Cuando en un lugar se manifiestan fenómenos paranormales es muy probable que la causa que lo origina esté en su pasado. En muchas ocasiones la historia que arrastra el lugar es trágica u oscura, habiendo acontecido sucesos macabros, pero, tenemos que tener claro que no siempre es así; también la carga emocional positiva es un factor que puede impregnar los lugares de fenómenos paranormales. Por eso, una de nuestras preguntas más comunes a nivel psicofónico es la de saber qué tipo de sucesos han ocurrido en el lugar, ya que a través de esta información se pueden desvelar muchos secretos.

Tras la pregunta planteada registramos una voz que dijo: «no te escuchan», haciéndome intuir que quizá en la casa habitaran varios tipos de inteligencias, siendo una de ellas la que había contestado a nuestra pregunta. Pedí la opinión a mis compañeros y todos coincidíamos en la misma hipótesis. Seguramente en la casa del cura habitaban varios tipos de entidades, algunas más negativas que otras. De todas formas, éramos conscientes de que nuestra teoría sólo estaba basada en conjeturas poco objetivas, pero no teníamos nada más sólido donde agarrarnos.

—¿Han agredido a un vigilante?

—Escóndete.

Una noche, tras conocer la noticia de que un vigilante había sido agredido supuestamente en el interior de la casa por varias personas encapuchadas, decidimos formular una pregunta ligada con este asunto para intentar esclarecer la veracidad del suceso. Como leerán en próximos capítulos, uno de los vigilantes que prestaba sus servicios en el lugar de forma puntual —no era de los habituales— nos contó historias un poco extrañas y, pocos meses después supimos que pecaba de ser un mentiroso compulsivo. Entre otras cuestiones afirmaba estar divorciado, cuando la realidad era muy distinta. Fue curioso conocer a una íntima amiga de su mujer que se quedó tremendamente sorprendida cuando le explicamos algunas historias que este hombre nos había explicado, aunque mayor fue nuestra sorpresa cuando la mujer nos dijo que el vigilante era un mentiroso compulsivo. No quisimos hacer sangre con esta historia, así que preferimos dar de lado a este hombre y seguir nuestro camino, a pesar de sentirnos engañados y manipulados por este individuo.

Tras formular la ansiada pregunta recibimos una respuesta un tanto extraña e inesperada: «escóndete». ¿Que nos escondamos de qué?, pensamos todos los compañeros cuando rebobinamos la grabadora y escuchamos el mensaje. Entonces, nuestra imaginación empezó a volar valorando diferentes posibilidades, siendo una de ellas la que más rondaba nuestras cabezas: «seguramente, la voz nos advierte que nos escondamos porque presenció la agresión y cree que aún pueden estar aquí las personas que la cometieron».

—¿Quiénes sois?

—Amigos.

Intuíamos que la casa del cura estaba habitada por varias inteligencias, por eso quisimos ahondar en esa cuestión a través de las psicofonías, aunque tengo clara una cuestión, y es que no necesariamente el fenómeno de las voces paranormales tiene el mismo origen que las manifestaciones de efecto físico, las apariciones o incluso las comunicaciones mediante la ouija. Siempre he defendido la idea de que las psicofonías son un fenómeno independiente al resto de hechos de índole paranormal. Suelo poner un ejemplo que define bien mi teoría: «las psicofonías son como las motas de polvo; están en todas partes, y si tenemos suerte las podemos captar, mientras que los fenómenos paranormales no habitan en todos los lugares. En un enclave se pueden registrar inclusiones psicofónicas sin que allí suceda nada paranormal».

Teniendo en cuenta mi propia hipótesis era consciente de que a pesar de obtener respuesta a mi pregunta, ésta no sería fiable del todo, ya que si los fenómenos eran de procedencia distinta, poca luz me podía aportar uno del otro. De todas formas procedí a formular la pregunta; necesitaba saber quién eran o, al menos conocer la respuesta que me daban las voces del más allá. Cuál fue mi sorpresa al escuchar la grabación y oír que se presentaban a nosotros como «amigos». Aquella respuesta me llenó de emoción y alegría. En un lugar tan hostil en cuanto a sensaciones, siempre es agradable registrar un mensaje tan cordial como ése.

—¿Tienes algún mensaje para José?

—No.

Normalmente las psicofonías que registran las grabadoras suelen ser palabras sueltas o frases muy escuetas, prueba de ello es la inclusión que registramos una noche ante nuestra pregunta. José quería saber si las inteligencias que se manifestaban a través de los aparatos de registro tenían algún mensaje para él. El resultado fue negativo, aunque hubo respuesta: «no». Saciando así la curiosidad de mi querido compañero de batallas, con quien compartí numerosas experiencias de toda índole en el hospital del Tórax.

—¿Lloverá o no?

—Quién sabe.

Si algo he descubierto con el tema de estas voces es que suelen responder con mayor frecuencia a aquellas preguntas intrascendentes o que no están relacionadas con temas ligados al más allá. Preguntar cuántos somos, de qué color en mi chaqueta o cuestiones similares suelen ser respondidas con más asiduidad que preguntas más trascendentales.

Aquella tarde el cielo estaba encapotado y el viento amenazaba con descargar una tormenta sobre nuestras cabezas, por eso nos metimos en el interior de la casa del cura, para refugiarnos si caía una tromba de agua. Así, que la pregunta era obligada: «¿lloverá o no?». Segundos después de formularla aparece en la grabadora una voz femenina que nos continuó dejando con la eterna duda, hasta que minutos más tarde, el cielo estalló entre truenos y relámpagos, para caer un diluvio que duró varias horas.

—¿Me conoces?

—Y tanto.

Si hay una psicofonía mítica del hospital del Tórax es la que todos ustedes recordarán de Cuarto Milenio donde pregunté a las voces si conocían a alguno de los que estábamos allí. Una voz me respondió: «a ti, Miguel». No es casualidad que estas inteligencias afirmen conocernos cuando experimentamos un tiempo considerable en un determinado lugar. El gran maestro Sinesio Darnell, decía que era habitual que tras experimentar en varias ocasiones en un lugar concreto, estas voces te respondieran a preguntas e incluso dijeran tu nombre.

En la casa del cura formulé la pregunta en busca de obtener un mensaje que corroborara esta hipótesis, y una voz de origen desconocido me dejó una reveladora respuesta: «y tanto». Esta grabación se obtuvo bastante tiempo antes que la que pude captar con Cuarto Milenio. Dejándome claro desde entonces que Sinesio Darnell tenía razón al exponer su teoría.

En esta casa no hemos realizado ninguna sesión de ouija que recuerde, y eso me llama la atención porque como veremos en otros capítulos, hemos experimentado con el tablero prácticamente en todos los rincones del hospital del Tórax. ¿Quizá el miedo que trasmite el lugar nos intimidó? Sea como fuere, no lo recuerdo. Además, ni siquiera le había dado importancia a este hecho, ha sido cuando revisaba la información que tenía de mis experiencias en el Tórax cuando me he percatado del dato que, me sorprende un poco, la verdad. Para quien no lo sepa, soy un gran apasionado de la ouija y la utilizo con frecuencia en mis investigaciones, creo que es un fenómeno apasionante y muy dinámico, aunque también peligroso para personas sugestionables o demasiado creyentes, ya que el fenómeno está rodeado de leyendas absurdas.

La Capilla

Uno de los lugares más impactantes y calientes en cuanto a fenomenología paranormal se refiere dentro del hospital del Tórax, es sin duda la Capilla. En esta zona hemos experimentado todo tipo de sensaciones y manifestaciones extrañas. Además, varios personajes curiosos se han dejado ver por allí.

La primera vez que entré en su interior supe que me depararía grandes momentos; desde la primera visita al lugar ya fui testigo de situaciones inexplicables, algunas realmente extremas que pocas veces he contado.

Estar en medio de la Iglesia es una sensación increíble, rodeado por extrañas pinturas que adornan las paredes. Como dijo el periodista y reportero de Cuarto Milenio, Juanje Vallejo, ver aquellas imágenes de personas demacradas era muy extraño, ya que la Capilla era el lugar de consuelo de los enfermos, y esos dibujos trasmiten pena, tristeza y dolor. Comparto su opinión, esas imágenes pintadas que aparecen en los muros del interior de la Iglesia trasmiten todo lo contrario de lo que deberían.

Recuerdo que la primera vez que entré, me encontré con una fila de velas en el suelo y en medio un sillón. Aquello nos extrañó, sobre todo porque instantes después observamos una gran cruz de madera que estaba puesta de forma invertida en la zona donde antiguamente estaba el altar; justo en ese mismo lugar había pintado en el suelo un enorme pentagrama rojo. ¿Alguna secta satánica ha estado aquí?, nos preguntamos en ese instante.

Tiempo después, supimos que ese símbolo formaba parte del escenario de una película que se había rodado allí, pero según nos comentaron algunos vigilantes, el pentagrama había sido aprovechado por ciertos grupos para realizar extraños ritos.

Durante nuestras primeras jornadas investigando la Capilla registramos abundantes cambios de temperatura, lo más curioso es que te desplazabas dos metros y registrabas un cambio ambiental de varios grados, era algo realmente asombroso.

En el tema de las psicofonías también llegamos a registrar algunas voces inquietantes que continuaron manifestándose durante los próximos años de investigación. Algunas de ellas las vamos a conocer a continuación, son muy interesantes de analizar.

—¿Han realizado rituales satánicos?
—Satánicos.

Los rumores populares ponían el grito en el cielo con respecto a la idea de que en la Capilla se realizaban rituales satánicos. Si a esto le sumamos la extrañeza del escenario que nos habíamos encontrado en varias ocasiones, todo hacía sospechar que los rumores podían llegar a ser ciertos, sin embargo, había otra posibilidad quizá más probable, y es que los grupos que se acercaban hasta allí estuviesen formados simplemente por gamberros o jóvenes que tonteaban con lo satánico a modo de juego. Por eso, decidimos apoyarnos una vez más en las voces del otro lado para intentar hallar una respuesta que solventara, al menos de forma momentánea, nuestras dudas. Lo que sucedió es que la voz paranormal repitió la última palabra que yo había dicho al formular la pregunta. Esto me ha sucedido en varias ocasiones, no sé por qué, pero algunas inteligencias repiten la última palabra o frase que comenta el experimentador. Al antes mencionado Juanje Vallejo le sucedió algo similar mientras grabamos para Cuarto Milenio. Formuló la pregunta: «¿en qué podemos ayudaros?», y una voz respondió exactamente lo mismo: «en qué podemos ayudaros», dejándonos a todos perplejos.

—¿Por qué se respira este ambiente tan extraño?

—Nadie respira.

En ocasiones las experiencias y sensaciones vividas en lugares como el hospital del Tórax nos hacen plantear preguntas similares a las voces del otro lado con demasiada frecuencia, y es que percibir ciertas energías y emociones que parecen atrapadas entre los muros de un edificio llega a marcarte más de lo que algunos puedan llegar a imaginar. Son experiencias que si no las vives en primera persona son difíciles de entender. Uno de estos lugares donde hemos repetido preguntas similares a la formulada aquella tarde sobre por qué se respira un ambiente tan extraño, es la Capilla del viejo sanatorio.

Por suerte, en una ocasión llegamos a obtener respuesta, aunque el contenido no aclara demasiado nuestras dudas, ya que una voz metálica nos dejó un mensaje que puede dar lugar a numerosas interpretaciones: «Nadie respira». Lo que pensé al registrarla es que quizá la inteligencia que respondió había entendido mal la pregunta, porque si no era así, carecía absolutamente de sentido, siendo totalmente incoherente, pero por otro lado mencionaba palabras que previamente habíamos formulado. Sin duda, fue una experiencia curiosa y extraña a la vez.

—¿Es verdad que aquí se daba misa?

—Sí.

Una noche conocí a un grupo de personas que me enseñaron una grabación que habían registrado en la Capilla días antes, en la cual se escuchaban una especie de cánticos religiosos. La verdad es que era una grabación muy clara, incluso hasta dudé de que fuese auténtica en un primer instante, pero después supe que una persona de mi total confianza y vinculada por aquel entonces al hospital estuvo presente cuando se obtuvo el registro, por lo que le doy a la grabación una fiabilidad absoluta. Debido a esta inclusión registrada en la Iglesia decidimos formular la pregunta de si impartían misa en la Capilla. Sabíamos que sí lo hacían, pero nuestra intención era ver qué respondían las voces ante una evidencia tan clara como aquella. El resultado fue un «sí» rotundo y seco que se escuchó perfectamente. Lamentablemente nunca conseguí registrar cánticos similares a los que captaron aquellos compañeros, pero tampoco me puedo quejar, no sería justo hacerlo después de las innumerables experiencias que he vivido allí.

—¿Existen los túneles secretos?

—Buscadlos.

Según nos explicó una entidad mediante ouija, en la Capilla hay unos túneles secretos que, por cierto, nunca hemos encontrado. A pesar de todo, nos hemos enfrentado a algo muy curioso relacionado con esta historia, y es que varias personas nos han hablado de los supuestos túneles sin que nosotros hubiéramos hecho público este dato. Como comprenderán, cada vez que nos entrevistábamos con un testigo que nos hablaba sobre túneles en la Capilla se nos quedaba rostro de asombro, ya que la casualidad parecía estar jugando con nosotros. Por eso decidimos realizar esta pregunta en una de las sesiones psicofónicas; la respuesta fue contundente: «buscadlos», aunque no nos aclaró demasiado, sin embargo, el hecho de que nos dijera que debíamos buscarlos nos hacía intuir que quizá existían realmente, pero nunca llegamos a encontrar un solo indicio de que realmente esos túneles fuesen reales. ¿Fue casualidad entonces que todos aquellos testigos supiesen de éste rumor que, por otro lado, nosotros nunca extendimos? No lo sé, la verdad, el tema es muy extraño.

—¿Vienen muchos personajes extraños por aquí?

—Llegan muchos.

La Capilla ha sido un lugar frecuentado por extraños personajes de toda índole y condición como comento en el libro «Investigación en el hospital del Tórax». Fue tan constante el hecho de toparnos con curiosos individuos en esta zona del hospital que una noche decidimos formular la pregunta expuesta en este párrafo. Las voces del otro lado nos dieron la razón, lo que al parecer indica que estas inteligencias que habitan en el lugar han sido testigo de estos personajes tan pintorescos. Recuerdo uno que estaba completamente desnudo, sólo llevaba puestas unas botas militares y una máscara del demonio; bailaba al ritmo de la música rodeado de litros de cerveza.

Una noche uno de los vigilantes se encontró a una niña de unos diecisiete o dieciocho años, a las cuatro de la mañana dibujando en la Capilla y en completa soledad. Decía que trazar dibujos en su cuaderno le relajaba. Según me explicó el empleado de seguridad, la chica vestía de negro; parecía gótica. Aquello le impactó de tal forma que me lo contaba sorprendido; no entendía como alguien tan joven podía estar allí a esa hora tan tranquila, sin que el lugar le aterrara.

—¿Os manifestáis sólo aquí o también en otras partes del hospital?

—No entiendes nada.

Tengo claro que las inteligencias que se manifiestan a través de nuestros aparatos pueden desplazarse de lugar, puesto que intuyo que en su mundo el espacio-tiempo se rige por unas leyes muy distintas a las nuestras, pero aquella noche un compañero con el cual estuve trabajando tiempo atrás se apuntó a la investigación y una de las preguntas que quiso formular fue saber si las entidades que estaban en la Iglesia podían manifestarse en todas las estancias del viejo sanatorio. La respuesta dejó a Jaime, perplejo: «no entiendes nada», llegándose a asustar un poco por el hecho de obtener respuesta. El riesgo que tiene preguntar, le dije, es que puedes obtener respuesta, amigo Jaime. ¿Y por qué me dicen que no entiendo nada?, me preguntó él. No lo sé, le respondí. Quizá porque no sepamos nada de ellos, ni de su mundo, ni siquiera de cómo o por qué se manifiestan. Ten en cuenta que es un fenómeno desconocido y muy complejo.

Una de las experiencias más extrañas con las que me he topado en la Capilla, la viví junto a Raquel y Javi. Recuerdo que era verano y habían venido de Cádiz a pasar unos días en mi casa. Visitamos en varias ocasiones el hospital, siendo la Capilla el lugar elegido para investigar las primeras jornadas. Aquellos días vivimos algunos fenómenos asombrosos que nos hicieron vibrar de emoción a la vez que no conseguíamos dar una explicación racional a las manifestaciones. Lo más común era observar cómo las cámaras fotográficas sólo funcionaban en zonas concretas de la Iglesia, llegando a pensar en un primer instante que quizá existiese en ese lugar un extraño magnetismo de la tierra o el suelo que fuese lo que alteraba el funcionamiento de los aparatos, pero cada día que regresábamos a la Capilla los puntos donde las cámaras dejaban de funcionar variaban de lugar. Para que puedan hacerse una idea, dividiremos de forma simbólica la capilla en treinta zonas de igual tamaño, pues en quince de ellas las cámaras funcionaban correctamente y en las otras quince indicaba que la batería estaba agotada. Los puntos estaban distribuidos de forma aleatoria, por lo que igual funcionaban los aparatos en una zona concreta y te desplazabas dos pasos y dejaban de hacerlo, nuevamente dabas dos pasos más y volvían a funcionar con normalidad. Esto nos ocurrió durante varios días sin que consiguiéramos hallar el origen de los misterios.

A lo largo de mis años de investigación me he topado con numerosos testigos que aseguran haber sufrido situaciones similares en el interior de la Capilla. Dependiendo del testigo o la época, las anomalías podían variar, pero el foco de las manifestaciones eran casi siempre los aparatos. A Juanje Vallejo le falló la cámara de fotos; a los reporteros de Comando Actualidad la cámara de vídeo. Han sido además, muchos los particulares que han vivido experiencias muy raras relacionadas con los aparatos, incluso hay quien afirma que el teléfono móvil se le ha muerto del todo allí.

Una noche viví una experiencia que hasta la fecha no he contado de forma pública, pero que ahora quiero relatarla. Me acompañaban María y un vigilante; yo me quedé un instante en la zona del jardín mientras ellos se adentraron en la Capilla, era aproximadamente las cuatro de la madrugada, y cuando me disponía a entrar en la estancia escuché que ambos gritaban mi nombre: «Miguel… Miguel, corre, mira esto...». En ese instante eché a correr los tres o cuatro metros que me distanciaban del interior de la Iglesia y vi a mis compañeros cómo señalaban con su dedo hacia las ventanas, concretamente a una que quedaba a mi izquierda. Fue entonces cuando vi como un plástico que la cubría se movía. La sensación que tuve por lo que pude observar es que el plástico estaba plegado en un lateral de la ventana, a modo de cortina, y que sólo se desplegó para tapar el ventanal. Tengo que decir que las ventanas tenían su cristal en perfecto estado y que no entraba aire por ninguna parte, por lo que observar aquello me dejó asombrado, pero lo bueno de esta historia es que mis compañeros fueron testigos de algo mucho más extraordinario todavía. Me explicaron que al entrar en la Capilla vieron como el plástico cubría toda la ventana y acto seguido observaron cómo se plegaba para instantes después volver a desplegarse.

Aquella noche experimentamos una situación difícil de contar, sobre todo porque es fácil que quienes no estuvieron presentes puedan creer que el viento fue el causante de aquel suceso, pero les aseguro que ni de lejos tuvo algo que ver; aquello que presenciamos fue extraordinario, estoy convencido de ello.

Las sesiones de ouija que hemos realizado en la Capilla han sido en su mayoría muy interesantes, incluso algunos programas de televisión han querido ser testigos con sus cámaras de alguna de ellas. Cuarto Milenio (Cuatro) y Comando Actualidad (TVE) grabaron momentos realmente interesantes, como ya comenté en el libro «Investigación en el hospital del Tórax – Editorial Círculo Rojo». Lo que nunca he explicado fue la experiencia que tuvimos al grabar un programa de radio con «Más Allá de la realidad», presentado por los hermanos Vázquez, quienes anteriormente tenían en Radio Nacional de España, el programa Sexta Dimensión, en el cual estuve colaborando durante una temporada con una sección llamada «La Bitácora del misterio».

La intervención aquella noche era telefónica; mientras hablaba con Santiago Vázquez mis compañeros Isaac, Sandra y creo que Alberto, si no me falla la memoria, estaban realizando una sesión de ouija en la zona donde se ubicaba antiguamente el altar de la Iglesia, justo en la zona del pentagrama. La sesión transcurría de forma interesante, pero a priori no había nada destacado en comparación a otras experiencias con el tablero que sí nos dejaron perplejos. Lo extraordinario de aquella jornada ocurrió cuando Santiago me preguntó si había escuchado aquél grito. ¿Qué grito?, le comenté sorprendido. ¿No has escuchado un grito?, me volvió a preguntar. No, Santiago, no he escuchado nada. Fue entonces cuando me explicó que se había oído muy claro, incluso pensó que fue alguno de mis compañeros que había gritado. Así que pregunté al grupo si había escuchado algo o alguno de ellos había gritado, pero todos dijeron que no.

A los pocos días recibí un archivo de audio con el fragmento de la grabación donde se escuchaba el grito, era tan claro que decidimos no emitirlo en el programa porque los oyentes podrían pensar que se trataba de un fraude. Este ejemplo demuestra la grandeza del Tórax, en él suceden cosas tan claras y extraordinarias que en ocasiones los medios de comunicación tienen que omitirlas para que la audiencia no crea que se trate de un engaño.

Ahora voy a transcribir parte de una sesión de ouija que me dejó marcado por su contenido y que nunca he hecho pública. Pero antes quiero dejar claro que en un alto porcentaje de ocasiones la ouija suele darnos información que no es cierta o que no se puede comprobar, por eso no debemos tomar en serio este tipo de mensajes, ya que pueden ser mentiras, no sabemos quién se comunica a través del tablero ni qué intención tiene.

—¿Hay alguien aquí?

—Soy Ramón.

—¿Qué haces aquí?

—Fallecí en el sanatorio por enfermedad.

—¿Y por qué sigues aquí?

—Me dedico a ayudar a otras personas que fallecieron en este lugar.

—¿A personas que están perdidas?

—No, a personas que no saben que han muerto.

—¿Hay muchos espíritus de personas que han fallecido en el Tórax y no lo saben?

—Sí, y no quieren aceptar la muerte.

—¿Es verdad entonces que la vida continúa tras la muerte?

—La muerte no es el final, igual que tampoco el nacimiento es el principio.

—¿Puedes hablarnos de lo que hay al otro lado?

—Cuando falleces puedes acabar en varios lugares dependiendo de muchas cosas. La mayoría de personas que no aceptan la muerte han sido muy materialistas o sus acciones en la vida no han sido todo lo buenas que deberían, por eso no son capaces de ver más allá de lo físico y creen que siguen vivos o simplemente se niegan a creer que están muertos.

—¿Y las personas que han llevado una vida menos material o sus acciones han sido más buenas adónde van?

—A un lugar donde reina el amor, la paz y la armonía. Allí se reencuentran con sus familiares y amigos que un día dejaron este mundo.

—¿Y con el resto de familiares que fallecieron y no están allí debido a su materialismo no se reencontrarán?

—Todo el mundo terminará allí antes o después. Ese lugar es la ante sala para una nueva reencarnación, porque la vida es como una escuela donde venimos a aprender y a mejorar como personas, pero finalmente todos terminaremos en ese lugar donde la felicidad es absoluta, lo que unos espíritus necesitan más reencarnaciones que otros para alcanzar ese estado de amor incondicional que se necesita para acceder a ese lugar de forma permanente.

La Capilla, es por todo esto que han podido leer, y por lo que he contado en libros anteriores, uno de mis lugares predilectos dentro del mítico hospital de Terrassa. Ahora seguimos este viaje adentrándonos en otro lugar realmente inquietante.

La Jungla

El hospital del Tórax fue durante dos décadas, el centro sanitario de España con mayor índice de suicidios, lo que nos hace imaginar el dolor que tuvo que haber entre sus muros. Según el testimonio de varias personas con las que he podido hablar y que estuvieron vinculadas al edificio cuando éste se encontraba en pleno funcionamiento, la zona donde se producían la mayoría de suicidios era en el jardín. Al parecer, los enfermos se lanzaban desde las ventanas de las últimas plantas al vacío. Popularmente se cree que los suicidios se producían desde la planta nueve, incluso compartí esa versión durante mucho tiempo, pero debido a mi profunda investigación llegué a descubrir que eso era físicamente imposible, al menos si se lanzaban desde esa planta no caían en el jardín, sino a la repisa de la planta número tres.

En mis libros anteriores aclaro esta cuestión de forma detallada.

Esta zona fue apodada por los enfermos como «La Jungla», debido a los gritos que se escuchaban cuando los suicidas se lanzaban al vacío desde las ventanas.

Si hacemos una comparativa relacionando carga emocional, tragedia y dolor, con la actividad paranormal, seguramente este jardín debe ser una mina de oro en cuanto a manifestaciones paranormales se refiere, pero por cuestiones de fiabilidad a la hora de experimentar, no he podido investigar demasiado en el lugar puesto que en un lateral estaba «la Pineda»; un centro de disminuidos psíquicos profundos, desde el cual en ocasiones se escuchaban voces y gritos. De todas formas sí hemos pasado largas noches en el lugar intentando percibir las sensaciones que trasmite y, como no, realizando alguna que otra grabación psicofónica, pero sobre todo indagando con el tema de la ouija, ya que a este sistema de contacto no le afecta el sonido que pueda haber en el entorno.

Una de las tantas noches que he pasado con Carlos C. en el hospital nos acompañaba otro amigo que prefiere permanecer en el anonimato, el cual fue testigo de una aparición en la zona del jardín. Así nos lo explicó: «Era una silueta oscura; ha pasado muy rápido por delante del edificio. Era una sombra que identifico como la de una monja, estoy seguro de ello, la he visto perfectamente a pesar de que se ha movido muy rápido».

No ha sido el único caso de aparición que se ha producido en esta zona, también el hermano de un antiguo compañero con el cual he perdido el contacto hace unos años, pudo presenciar una supuesta aparición de una mujer vestida con una especie de camisón blanco que incluso llegó a saludarle con una sonrisa en la cara. Al menos, así me lo contó este compañero: «Mi hermano estaba con una compañera de trabajo paseando por el jardín y de repente vieron delante de ellos a una mujer vestida de blanco que les saludó. Ellos correspondieron a ese saludo, creyendo que se trataba de una señora que al igual que ellos estaban paseando por el lugar, pero rápidamente reaccionaron y vieron que era muy extraño, sobre todo porque la mujer vestía un camisón blanco, así que se miraron un segundo y giraron sus cabezas para volver a ver a la extraña señora, sin embargo, allí no había nadie. Tardaron tres o cuatro segundos en girarse, lo que imposibilita que dicha mujer pudiera haberse escondido».

Ahora vamos a conocer algunas de las psicofonías registradas en la Jungla.

—¿Ha muerto alguien aquí?

—Petra.

En numerosas ocasiones conseguimos establecer comunicación mediante ouija con una supuesta enfermera que falleció en el lugar, la cual así se identificaba, respondiendo al nombre de Petra. Los que hayáis leído mis libros anteriores sobre este lugar la conoceréis bien, sobre todo los lectores de la novela «Suicidios en el hospital del Tórax – Editorial Círculo Rojo», ya que la historia del libro se basa en este personaje. No sé si realmente existió esta enfermera o no, de lo que sí tengo constancia es de que hemos contactado con una entidad que se presentaba con estas señas y ha sido quien nos ha brindado mucha información sobre el Tórax, dejándonos también grandes manifestaciones de índole paranormal. Por estas cuestiones, nuestra sorpresa fue mayúscula al registrar una psicofonía que hacía alusión a que Petra había fallecido en el lugar donde nos encontrábamos.

Si mi teoría que explica que las psicofonías y la ouija son fenómenos originados por distintas procedencias fuera cierta, la respuesta obtenida aquella noche en el jardín podría tener bastante validez para creer que esta mujer existió realmente, ya que mediante ambos sistemas de contacto hemos recibido la misma información. De todas formas soy consciente que la voz podría haber mentido, no sabemos quién se esconde detrás de las psicofonías ni cuál es su objetivo real.

—¿Sentís soledad, miedo o malestar?

—Nadie me oye.

Tengo un compañero que siempre realiza este tipo de preguntas a las voces. Según cree, detrás de las psicofonías están las almas de aquellas personas que fallecieron y que por alguna razón no han dejado todavía este mundo. Hemos obtenido respuestas de todo tipo, sin embargo, la que registramos aquella noche era muy distinta al resto, la voz parecía manifestar su incomprensión ante un hecho que podía ser evidente. ¿Quizá esta inteligencia buscaba comunicarse con los vivos pero nadie oía su voz? Es posible, me recuerda incluso a películas como «Sexto Sentido» o series tan actuales como «El Don de Alba». Ambos formatos audiovisuales son para algunos expertos en la materia un reflejo de la realidad.

—¿Es cierto que la puerta tapiada de la izquierda daba a la morgue?

—Es verdad.

Desde que comencé a investigar el tema del Tórax he deseado encontrar la morgue del hospital, pero mis intentos han caído en un saco roto, nunca he hallado ese lugar, ni siquiera personas vinculadas al hospital con quienes he tenido una relación de bonita amistad han conseguido encontrarla. Una vez pude hablar con un señor que hace años trabajó en el recinto y me dijo que sacaban los cadáveres por una puerta que hay en el jardín. Es lógico pensar que la morgue tuviera una salida a la Jungla puesto que en ella se encuentra la Iglesia, lugar donde los familiares y amigos daban el último adiós a su ser querido.

Llevábamos muchos meses valorando la posibilidad de que una de las puertas que hay en el jardín, las cuales están tapiadas, pudieran dar acceso a la morgue. Seguramente en el año 2003 fueron tapiadas tras el robo de un feto conservado en formol por parte de un joven de Matadepera. Este hurto apareció en el Diari de Terrassa y en otros medios de comunicación.

La pregunta era necesaria, necesitábamos saber si nuestra hipótesis era cierta. Una voz nos respondió de forma afirmativa, indicando que una de las puertas tapiadas era la que daba acceso a la antigua morgue.

—¿Sentís la misma tristeza que nosotros al conocer todo el sufrimiento que hubo aquí?

—Aún hay.

Una noche percibimos con especial intensidad la tristeza que reina en esa zona, boscosa por entonces, era como si todo se hubiese magnificado, las emociones que desprendía el jardín te impregnaban con mucha más fuerza, podías sentir hasta pequeños detalles de ese sufrimiento. Es difícil de contar porque la sensación es extraña y muy poco frecuente, sólo aquellos que la hayan percibido en alguna ocasión saben de lo que hablo. La cuestión es que estábamos tan receptivos que nos parecía ver sombras y escuchar ruidos todo el rato, llegando a pensar que la causante de tal situación podría ser la sugestión colectiva, por lo que decidimos intentar salir de dudas preguntando a las voces del más allá si ellas también sentían lo mismo que nosotros. La respuesta fue rotunda, haciendo referencia a que todavía queda sufrimiento estancado en ese lugar, al menos así interpretamos nosotros la respuesta obtenida.

—¿Fue real la aparición de la monja que vio mi compañero?

—Puede ser.

Otra de las dudas que tenía, a pesar de poner la mano en el fuego por mi amigo, es que la aparición que vio fuese real. Quizá podía haber sido una mala interpretación, tenemos que tener en cuenta que de noche y en un lugar como aquél, cualquier juego de luces con una simple linterna puede hacernos ver algo que no es, por eso quise formular esta pregunta durante una de las sesiones psicofónicas. Tengo que decir que mi compañero estaba seguro de que no fue una mala interpretación, incluso a día de hoy afirma lo mismo, su seguridad es absoluta, por lo que estoy completamente convencido de que realmente se enfrentó a un fantasma, de todas formas quise plantear la pregunta para conocer la opinión de las inteligencias que estaban presentes en el lugar de los hechos.

La Jungla, como he comentado anteriormente, era un lugar condicionado por factores externos como los que procedían de la Pineda, por eso, lo más atractivo a lo que invitaba esta zona era a realizar en ella sesiones de ouija. Fueron numerosas las experiencias que tuvimos con el tablero en el jardín, sobre todo cuando la maleza invadía el patio de hierba, matojos y ramas, dando una imagen siniestra que invitaba a experimentar con este tipo de prácticas, aunque tengo que dejar claro que nunca llegamos a estar sugestionados durante las sesiones de ouija, a pesar de que algunas de ellas fueron realmente asombrosas. Ahora, si les parece, paso a transcribir parte de una de ellas que me impactó especialmente por su contenido.

—¿Con quién hemos contactado?
—Soy Esperanza. Trabajé aquí como enfermera.

—¿Quieres contarnos algo?
—Sí, quiero trasmitir un mensaje de esperanza para todos vosotros.

—¿De qué se trata?
—Quiero que sepáis que vuestras acciones durante la vida tiene consecuencias en la muerte.

—¿A qué te refieres exactamente?

—Si tus intenciones en vida fueron buenas hacia los demás cuando mueras irás a un lugar maravilloso y lleno de amor, donde te reencontrarás con tus familiares y amigos que fallecieron antes que tú, pero si tus acciones han sido malas te quedarás atrapado en un lugar donde el sufrimiento y la tristeza están siempre presentes.

—¿En esos lugares estás para siempre?

—No, nada dura eternamente hasta que no alcanzas el destino final, al cual se le llama popularmente «Paraíso, Cielo o Nirvana», dependiendo de la cultura o religión.

—¿Entonces cuánto tiempo se está en esos lugares que mencionas?

—Depende, cada caso es diferente. Esos lugares son como la ante sala a una nueva encarnación física.

—¿Y si mis familiares están en el lugar de sufrimiento y yo acudo al lugar de amor no nos encontraremos?

—Siempre te encontrarás con ellos, antes o después, nadie desparece o deja de existir, todos alcanzamos el Nirvana antes o después; unos con cien existencias y otros con un millón, pero el punto culminante de nuestro aprendizaje es ese paraíso soñado por todos.

—Lo que cuentas es muy similar a la información que recibimos en otra sesión de ouija, creo que fue en la Capilla. ¿Eres la misma entidad?

—No soy la misma, pero te aseguro que quien se comunicó con vosotros os dijo la verdad.

—¿Es la Tierra un infierno o un purgatorio?

—Sí, solo tienes que ver las atrocidades que ocurren a diario, donde las injusticias y el sufrimiento están presentes cada segundo. Pero no olvidéis una cosa: es el ser humano quien convierte el mundo en un infierno.

—¿Sabes que algunas personas se reirían de éstas afirmaciones verdad?

—Sí, aunque luego, todos, sin excepción alguna, interiormente se plantean la posibilidad de que pudiera ser cierto. Los seres humanos llevan millones de años reencarnándose, en lo más adentro del alma de cada uno de los mortales existe este conocimiento, por eso instintivamente en ocasiones aparece incluso en aquellos que se muestran más escépticos, para poner en jaque sus teorías. Lo que sucede es que no se atreven a afirmarlo de cara a los demás porque les da vergüenza asegurar que en ocasiones tienen dudas.

—Te agradecemos mucho todo lo que nos estás contando. ¿Quieres hablarnos de ti?

—Lo siento, ahora tengo que marcharme.

Siempre he creído que lo más importante del misterio es concienciar a la gente de que existe una posibilidad, aunque sea pequeña, de que haya vida después de la muerte y, por consiguiente, de que un día podrán volver a reencontrarse con sus seres queridos que dejaron este mundo ante que ellos. También considero de vital importancia el hecho de trasmitir a los demás un mensaje de amor, paz y hermandad, porque indiferentemente de que exista o no vida después de la muerte; vayamos al infierno o al cielo, lo más importante es que tratemos bien a los demás y seamos justos con ellos, dejando a un lado el ego, la envidia y el odio. Igual que el ser humano es capaz de hacer de la tierra un infierno para miles de millones de personas, también tiene el poder de convertir nuestra existencia en un paraíso, sólo tenemos que ser buenas personas y regirnos por una ley básica y primordial: «tratar a los demás como nos gustaría que nos trataran a nosotros». Cumpliendo esta norma tan sencilla el mundo sería un lugar mucho más agradable y justo.

Aquella sesión de ouija me hizo aferrarme aún más a mi idea de trasmitir a la sociedad ese deseo de cambio y esperanza.

Ahora viajamos a otro escenario dentro del hospital del Tórax, ¿quieren saber cómo fue la primera vez que entré en el majestuoso edificio de nueve plantas? El próximo capítulo está lleno de sentimientos y fuertes emociones. Les adelantaré que tuve que gatear veinte metros por un subsuelo lleno de cristales rotos, a oscuras y con una pequeña linterna en la boca.

La primera vez

Habíamos acudido en tantas ocasiones al recinto del hospital que llegamos a hacer amistad con uno de los encargados de seguridad. Una tarde, mientras paseábamos por la zona del palomar nos encontramos un agujero en la pared del edificio que parecía llevar a otro agujero, el cual intuimos que daba a uno de los pasillos de la planta baja. Fuimos a avisar al vigilante para advertirle que alguien había destrozado un trozo de pared. El hombre nos confirmó que lo habían hecho la noche anterior, cuando él se incorporó a su puesto ya estaba. Le pedimos permiso para entrar y nos lo concedió, pero insistió en que tuviéramos cuidado para no hacernos daño. En ese instante mi alegría era absoluta, al fin iba a entrar en el edificio, mi sueño se iba a hacer realidad, aunque por otro lado no entendía cómo algunas personas eran capaces de hacer destrozos sin que les temblara el pulso.

Aquella tarde estaba con Raquel y Javi, ninguno de mis compañeros quería entrar el primero al edificio, así que no me quedaba otra, tenía que ser yo quien iniciara el camino hacia el interior.

Nos asomamos por el boquete y sólo se veía oscuridad, alumbramos con la linterna y disipamos al final, a unos veinte metros, otro agujero que parecía dar a un pasillo, al menos eso intuimos ya que no conseguíamos ver qué había realmente otro lado.

Mientras comentábamos cómo sería la intrusión y en qué posición iría cada uno, yo el primero, eso había quedado claro, comenzamos a escuchar voces y murmullos que procedían del interior, como si varias personas hablaran a la vez, fue entonces cuando observamos una luz de linterna que nos enfocaba. En ese momento supimos que salía gente del edificio. Unos minutos después, estábamos hablando con Guti y sus amigos, los cuales acaban de visitar el edificio. La conversación fue realmente interesante; paso a transcribirla. Puede que algunas palabras no sean exactas, han pasado algunos años y la memoria me puede fallar, pero el contexto de la charla es el mismo.

—Hola, ¿cómo es el lugar por dentro?

—Es increíble, muy grande y siniestro.

—¿Os ha pasado algo extraño?

—Sí, en varias ocasiones hemos vivido cosas muy raras, no es la primera vez que entramos.

—¿Qué cosas os han pasado?

—Los teléfonos móviles se vuelven locos, se desconfiguran, se quedan sin batería, siempre pasa algo con ellos. El otro día mirabas la pantalla de mi móvil y los números oscilaban descontrolados, pero lo más extraño fue que lo grabamos con el teléfono de una compañera para poder enseñarle el vídeo a unos amigos que no creen en esto. Por la tarde, cuando estábamos en el parque vinieron estos amigos y le explicamos lo que había pasado pero, como siempre, no nos creían y sacamos el móvil de mi amiga para enseñarle el vídeo, sin embargo, de forma inexplicable la carpeta donde guardamos el archivo estaba vacía, el vídeo desapareció sin dejar rastro.

—¿Os han pasado más cosas dentro?

—Sí, muchas más. Una vez se cerró una puerta y no podíamos salir, era como si se hubiese atrancado o si estuviera cerrada con llave. Tuvimos que romper un cristal para poder salir de la habitación, y una vez fuera, no sabemos cómo ni porqué, la puerta se abrió sin más, dejándonos a todos blancos. Aquella tarde salimos corriendo de allí.

En otra ocasión pude ver cómo a mi amigo algo invisible le estiraba de la camiseta en un almacén que hay cerca de la lavandería: «mi compañero me dijo que no le estirara de la camiseta; yo le dije que no estaba haciendo nada, entonces vi cómo la camiseta se movía sola».

—Es impactante, Guti. ¿Qué es lo más fuerte que has vivido?

—Todo esto ha sido muy intenso. Además hubo otra experiencia en la planta baja del edificio que nos asustó mucho. Te cuento: «mi amiga vio una aparición, según explicaba observó a un hombre que le ponía algo en la cabeza a otra persona intentando ahogarla. Mi compañera empezó a llorar y se quedó paralizada, tuvimos que sacarla de allí como pudimos porque ella no era capaz de moverse». Cuando le ocurrió esto no sabíamos qué estaba sucediendo, la sacamos de allí sin hacer demasiadas preguntas, fue al rato cuando se calmó y nos explicó lo que había visto.

—¿Hay alguna cosa más que te llame la atención del lugar?

—Muchas, el sitio es apasionante. Si subís a la planta ocho veréis una habitación quemada y en el techo un círculo con ángeles y fotografías de niños tamaño carnet. Dicen que esas imágenes son de chicos que murieron aquí.

Sobre esta última cuestión tengo que decir que meses después llegamos a saber que esas imágenes formaban parte del escenario de una conocida película. También tengo que decirles que posteriormente entrevisté a Guti en un programa de radio online que presentaba: «Enigmas del misterio». Este chico fue el primer testigo serio al cual me enfrenté en mis tareas de investigación con respecto al mítico Tórax.

La experiencia que vivieron en numerosas ocasiones con los dispositivos móviles, les han ocurrido a muchas otras personas a lo largo de estos años, parece ser que la causa paranormal tiene una curiosa costumbre y en determinados momentos se dedica a jugar con nuestra tecnología.

La vivencia que tuvieron con la puerta que inexplicablemente se cerró para posteriormente volver a abrirse sola, es una de las situaciones más raras que jamás me ha contado un testigo, pero sobre todo me llama la atención porque no he hallado ni una sola situación que se parezca en estos años, ni por experiencia propia, ni por situaciones vividas por terceras personas.

Sobre la aparición que presenció la amiga de Guti no puedo hacer ninguna reflexión puesto que desconozco la situación del momento y no sé ni siquiera quién era esa chica, por lo tanto me es imposible hacer una valoración objetiva de lo ocurrido.

Tras charlar con el grupo de jóvenes que salió del edificio llegó la hora de adentrarnos en pleno escenario.

La tensión que sentía en ese momento era tremenda, recordaba las experiencias que los chicos nos habían explicado instantes antes, mientras tanto miraba por el agujero y sólo veía oscuridad. La sensación de alegría me invadía por un lado, pero por otro el nerviosismo me consumía, se mezclaban extrañas emociones que creaban en mí una sensación que no había experimentado antes. Al fin iba a entrar al edificio, detrás de mí lo harían Raquel y Javi; todos estábamos ansiosos por saber cómo era ese lugar, así que nos dispusimos a acceder: nunca olvidaré aquel día del año 2005, fue un momento que se quedará para siempre en mi memoria. Nos colocamos una sudadera enrollada en las manos para evitar cortarnos con los cristales mientras gateábamos por ese subsuelo lleno de cristales rotos y basura. Me coloqué la linterna entre los dientes y entré por el agujero. Segundos después, me encontraba gateando entre porquería, pero sobre todo el miedo que sentía era atroz, en cualquier momento podía cortarme con los cristales o lo que podía ser peor, algo paranormal se podía manifestar, provocando que el impacto del momento me hiciera perder el control, en tal caso seguramente terminaría con brazos y piernas llenos de cortes, porque estaba seguro que no podría mantener la calma y saldría de allí despavorido, sin embargo, nada extraño se produjo y pudimos llegar al agujero que daba acceso al pasillo del hospital. La sensación al ponerme de pie fue indescriptible, el lugar era asombroso, al fin había conseguido hacer realidad mi sueño.

Frente a mí se encontraba un largo pasillo, mi entorno era completamente oscuro, puertas y ventanas estaba enladrilladas, no entraba ni un mísero rayo de luz del exterior. La sensación que tuve en esos instantes fue indescriptible, por un lado la alegría que sentía era tan grande que mis ojos se humedecieron y estuve a punto de llorar, por otro lado el hecho de estar ahí dentro me trasmitía cierto nerviosismo y quizá un ápice de miedo, el lugar impone y yo no soy de piedra, mucho menos lo era entonces, ahora estoy curado de espanto, pero en mi primera jornada en el interior del Tórax era mucho más inexperto en estos temas de investigación.

Aquella tarde visitamos las cuatro primeras plantas, no tuvimos tiempo de recorrer más estancias porque Raquel y Javi tenían compromisos que cumplir. De todas formas nos dio tiempo a realizar varias grabaciones de audio, llegándonos a topar con algo muy extraño. Al rebobinar escuchamos un sonido que parecía una interferencia, el cual chafaba nuestras voces, me recordaba a lo que los radioaficionados llaman «portadora», que sería una frecuencia sobreponiéndose a otra y chafando su emisión. Cuando era más joven tuve varias emisoras de radio, incluso llevaba mi equipo de radioaficionado en el coche, por eso me resultó muy familiar aquel sonido, aunque existía una gran diferencia entre ambos, y es que lo que registramos en la planta baja del hospital no era una interferencia, era algo distinto y extraño, con lo que antes no me había enfrentado. Definitivamente, aquella tarde no pudimos revisar las grabaciones porque aquel sonido extraño chafó todo el sonido. Tengo que decir que la grabadora funcionaba perfectamente y sólo dejó de hacerlo durante aquellos minutos en el interior del edificio.

Mi primera vez fue inolvidable, aunque viviría momentos mucho más extremos en futuras visitas al recinto.

Ahora si les parece conozcamos en el próximo capítulo cuales fueron las experiencias más sobrecogedoras que he vivido en esta planta baja. Por cierto, oficialmente esta planta es la planta menos dos, pero nosotros la bautizamos como planta uno al ser la primera del edificio. A partir de aquí seguimos catalogando las plantas por el siguiente número de forma ascendente: 2, 3, 4, etcétera.

La planta 1

En la planta baja del edificio me he topado con situaciones de lo más extrañas. Esta zona junto a la Capilla y la planta 9 podrían ser los lugares más calientes en cuanto a fenomenología paranormal se refiere, aunque tampoco podemos obviar la realidad que demuestra que en todos los rincones del mítico Tórax se han producido manifestaciones de índole inexplicable, sin embargo, una de las zonas más llamativas en este aspecto es esta planta en la que acabamos de adentrarnos.

Existe una diferencia evidente entre el resto de plantas del hospital y la que nos ocupa en este apartado del libro; en ella se encuentra el viejo cine y la antigua emisora de radio, además del acceso a la zona de las calderas, aunque a día de hoy puede que esté cerrado debido a algunas modificaciones que se hicieron cuando derruyeron una escalera secundaria durante las obras y, que daba acceso a la parte más baja del edificio.

Ahora voy a explicar algunas de las experiencias más sorprendentes que hemos vivido tanto yo, como algunos compañeros en esta siniestra zona llena de secretos y misterios.

Una voz nos manda callar

Una noche viví una experiencia asombrosa, me acompañaban Carlos, Dani y José, los cuatro habíamos presenciado manifestaciones de tipo paranormal en diferentes ocasiones, pero la experiencia conjunta que más nos impactó de todas fue la que sucedió en aquella jornada.

Nos encontrábamos en la zona de la escalera central; caminábamos dirección al pasillo mientras charlábamos en voz alta, fue entonces cuando escuchamos algo que nos puso la piel de gallina; oímos un sonido similar al que hacían las enfermeras en los hospitales cuando se ponían el dedo entre los labios para mandar callar a las personas que estaban en la sala de espera. Identificamos que era producido por una mujer y que procedía de una esquina que teníamos a dos metros de nuestra posición. Fue tan espectacular que lo escuchamos todos, coincidiendo en los detalles perfectamente. Tengo que reconocer que llegamos a sentir inseguridad debido al extraordinario suceso, pero la cosa no quedó ahí. Segundos más tarde, sin haber digerido aún la experiencia nos adentramos en el pasillo y comenzamos a escuchar pasos que nos seguían, lo sorprendente es que detrás nuestro no había nadie, pero incluso así el sonido de pasos continuaba manifestándose. Llegamos a realizar grabaciones psicofónicas con resultados muy interesantes, siendo una de las vivencias más curiosas a las cuales me he enfrentado en el hospital del Tórax.

Experiencias con la productora Visual-Beast

Con la productora de José Moral, estuvimos grabando por diferentes zonas del hospital, uno de los lugares elegidos fue el cine. Allí registramos una voz psicofónica que captó además la cámara de vídeo que llevaba el equipo de rodaje. Una voz dejó un siniestro mensaje: «lo mataré».

Según me explicó el propio José Moral, uno de sus compañeros, en concreto el cámara del equipo, llegó a presenciar una aparición en el cine que le puso los pelos de punta. Describió una entidad flotando en el aire.

Como curiosidad les diré que los miembros de la productora se toparon de lleno con el misterio sin esperarlo, de hecho vinieron cuatro personas y terminó el cámara solo, el resto del equipo fue abandonando el hospital a medida que se iban produciendo fenómenos paranormales de gran magnitud.

Sesión psicofónica con Callejeros (Cuatro TV)

Una mañana estuvimos grabando unas escenas para el programa Callejeros; querían emitir un especial sobre lugares abandonados. Después de grabar en el exterior y de pasear por diferentes estancias del hospital terminamos en el cine, donde realizamos una pequeña sesión de psicofonías. A priori no se registró nada, pero al revisar todas las grabaciones encontré algunas voces extrañas, sobre todo hubo una que me llamó poderosamente la atención: «muerte». Casualidad o no, en este lugar la muerte ha estado, por desgracia, muy presente. Como curiosidad añadir que este mensaje y otros similares llegamos a registrarlos en numerosas ocasiones tanto en el cine como en otras estancias del edificio.

Aparte de esta anécdota no sucedió nada más que sea digno de reseñar durante la grabación del programa Callejeros, en el mítico hospital.

Extraña fotografía de Sonia Jara

Se han registrado algunas fotografías extrañas en el edificio, sin embargo, yo no he conseguido captar ninguna con mi propia cámara, solamente obtuve una extraña en el palomar durante mis primeras jornadas, en este aspecto parece que tengo mala fortuna. Quien no puede decir lo mismo es mi amiga Sonia; ella registró en el cine una curiosa imagen donde se ve una especie de hombre en los asientos del cine que parece llevar poncho y capucha, incluso se define perfectamente medio rostro. Es una de las imágenes más extrañas y llamativas que rondan por Internet, de las registradas en el Tórax.

Luces extrañas en el cine

Durante estos años de investigación tuve la oportunidad de visitar el lugar en numerosas ocasiones acompañado de una persona que en su momento no me dijo que tenía sensibilidad para percibir cosas que los demás no vemos, pero a día de hoy, varios años después, y una vez que nuestra amistad se ha hecho fuerte, me ha confesado que posee una capacidad especial para percibir cosas que pocas personas pueden detectar, de hecho me ha demostrado en varias ocasiones que es cierto, como explico en algunos de mis libros. Les contaré un secreto, algunas de sus historias reales, y mis vivencias propias en su compañía, están reflejadas en novelas que he publicado, para disfrazarlas dentro de la ficción y salvaguardar así su anonimato.

Este amigo y compañero me ha confesado que en el cine pudo ver en infinidad de ocasiones luces de varios tamaños, la mayoría eran pequeñas, lo que indica que son energías de niños que pudieron fallecer allí o que por el motivo que sea están vinculados a ese lugar. Las luces más grandes en cuanto a tamaño son de personas adultas que perecieron.

Estas afirmaciones me resultan curiosas porque hay otras personas que también aseguran ser médium y que a pesar de no conocer a mi amigo, coinciden plenamente con sus explicaciones. Todos me relataron lo mismo, aunque contado de forma distinta, por lo que creo que no sería descabellado pensar que estamos ante una posibilidad más que probable. ¿Qué opinan ustedes?

Además de estas situaciones llenas de tensión se han vivido muchas otras experiencias dignas de cualquier película de terror en el cine del viejo sanatorio, llegando a ser testigos de lo extraño numerosas personas. Por eso, cuando escucho a alguien decir que todo lo que se cuenta sobre el Tórax es mentira, pienso que su desconocimiento es tan grande como ignorante su atrevimiento, aunque por otro lado comprendo que si alguien no vive en primera personas este tipo de fenómenos es difícil que crea en ellos.

Si les parece bien conozcamos ahora algunas de las psicofonías que se han registrado en esta zona y que nunca han salido a la luz pública.

—¿Qué película has visto en este cine?

—Teatro.

Tenemos la peculiar costumbre de nombrar al teatro del hospital «cine», sin embargo era un teatro, aunque también se proyectaban algunas películas, sobre todo en la etapa final en la que el centro sanitario estuvo abierto.

Registrar esta psicofonía me demuestra a título personal que la inteligencia que nos dejó el mensaje conoce bien el lugar donde realizamos la sesión, haciéndome intuir que, seguramente, en un pasado estuvo vinculada al hospital del Tórax. Quizá estoy especulando demasiado, no lo sé, pero cuanto menos es una posibilidad bastante probable, ¿no creen?

En otro lugar que investigamos recientemente en la provincia del Bages, nos encontramos con un teatro muy similar a éste, aunque de dimensiones más reducidas, llegando a registrar una psicofonía de características similares a ésta, donde la voz paranormal nos dejó claro que aquello no era un cine.

—¿Quién habita aquí?

—Los más pequeños.

Nunca pensé que llegara a registrar una psicofonía que me confirmara, al menos supuestamente, que mi amigo y algunas de las personas sensitivas con las que visité el lugar tenían razón en cuanto a sus afirmaciones de que en el viejo cine habitaban energías de niños que fallecieron hace años en éste u otros lugares. La verdad es que me cuesta creerlo, pero no puedo negar los resultados y tengo que exponerlos para que sean ustedes, amigos lectores, quienes juzguen y saquen sus propias conclusiones. Sinceramente, me da mucha pena vincular a los más pequeños con este tipo de cuestiones, pero si quiero ser sincero con todos ustedes tengo que compartir la información en el libro para que puedan conocerla.

—¿Cómo te llamas?

—Hola.

En muchas ocasiones hemos registrado nombres propios e incluso apellidos durante nuestras grabaciones. A veces se han registrado este tipo de inclusiones cuando hemos preguntado cómo se llamaban, pero otras han surgido de forma diferente, por lo que no me resulta demasiado extraño registrar nombres en forma de voz en una grabadora, más curioso me parece el hecho de captar una inclusión que responde ante un pregunta de este tipo diciendo: «hola». Tengo que reconocer que este registro me llamó poderosamente la atención y me causó un curiosidad pasmosa. ¿Por qué reaccionó así la voz tras nuestra pregunta?, ¿quizá quería permanecer en anonimato a la vez que nos demostraba que era inteligente? Lo cierto es que no tengo respuesta ante todas las incógnitas que me he planteado tras escuchar esta voz. ¿Por qué teoría se decantarían ustedes?

—¿Nos quieres decir algo?

—No me oyes.

Escuchábamos ruidos, pasos, movimiento de gente, así que decidimos realizar una ronda de psicofonías con el fin de comprobar si el fenómeno se quería manifestar, aunque como suelo decir habitualmente, considero que el fenómeno de las voces electrónicas es independiente al resto de manifestaciones, pero bueno, reconozco que es solamente una hipótesis que me ronda la cabeza en muchas ocasiones y, mientras no tenga una prueba sólida de ella tengo que seguir barajando todas las opciones posibles, incluso aquellas que parecen más descabelladas. La cuestión es que tras formular una de las preguntas obtuvimos respuesta: «no me oyes». Un mensaje que me hace intuir que las inteligencias que se manifiestan son conscientes de que no podemos escucharlas, seguramente tras muchos intentos por comunicarse con nosotros: los vivos, se han dado cuenta que no podemos oírlas. De ser cierta esta suposición podría crear en ellas una frustración importante, sólo hay que imaginarse cómo nos sentiríamos nosotros en esta situación; puede ser terrible a nivel anímico y psicológico.

—¿Puedes aparecerte en la foto que vamos a hacer?

—No quiero.

No me podía quitar de la cabeza la impresionante fotografía que Sonia había registrado en el cine, deseaba con todas mis fuerzas que lo paranormal volviese a manifestarse a modo de instantánea, por eso he pedido en numerosas ocasiones que lo hicieran, pero lamentablemente no he conseguido alcanzar mi meta en este aspecto. ¿Puede ser que la voz que captamos en la grabadora deje claro el motivo por el cual no se manifestaron nunca en mi cámara de fotos mientras investigaba en el interior del edificio? Puede ser, quién sabe. Lo que tengo claro es que al menos la inteligencia que respondió a mi pregunta aquella noche no quiso dejar su rastro de forma visual.

—¿De qué color es mi camiseta?

—Estamos aquí.

En ocasiones las voces que responden a nuestras preguntas en las sesiones de psicofonías suelen contestar a cuestiones absurdas con mayor frecuencia que cuando se plantean incógnitas de más relevancia. Otra prueba de que esto es así la tenemos en esta inclusión, donde pregunté de qué color era mi camiseta. La respuesta, a pesar de no tener relación directa con la pregunta fue contestada, dejándonos inquietos ante el contenido que acabábamos de registrar: «estamos aquí». ¿Cómo interpretan ustedes este mensaje? Quizá la voz quería dejarnos claro que se encontraba presente en el lugar donde nos hallábamos los investigadores, aunque como casi siempre, me baso es la intuición para dar esta supuesta explicación a la respuesta obtenida.

En el tema ouija también hemos tenido experiencias muy interesantes, incluso algunas de ellas terminaron con manifestaciones de índole paranormal como oír pasos, ver sombras o escuchar voces en directo. Una de las que más me sorprendió y que nunca la he transcrito en libros y apenas la he comentado de forma pública tuvo una connotación diferente al resto de sesiones. Una noche, al parecer, y siempre según los mensajes recibidos mediante el tablero, una entidad que se presentaba como un niño nos deleitó con mensajes que nos hicieron reflexionar mucho. Paso a transcribir parte de aquella comunicación.

—¿Quién eres?

—Me llamo Samuel.

—¿Estás muerto?
—Sí, fallecí hace años.

—¿Lo hiciste aquí en el hospital?
—No.

—¿Entonces qué haces aquí?
—Vine a buscar a mi abuelo que murió en el sanatorio.

—¿Y lo has encontrado?
—Sí, pero no acepta que ha muerto y no puedo llevarlo hacia la luz.

—¿Estás aquí para ayudarle a cambiar de mundo?
—Sí, pero no quiere entender que ha muerto, sigue creyendo que está vivo.

—¿Cómo piensas ayudarle?
—Intento hacerle ver que si todo es extraño es porque ha muerto, pero no quiere aceptarlo.

—¿Cuántos años tienes, Samuel?
—Fallecí con doce años.

—¿Qué hay en la luz?
—Es la puerta hacia el otro lado.

—¿Allí qué nos espera?
—Nuestros seres queridos y una etapa de amor, paz y libertad, donde las preocupaciones desaparecen por completo.

—¿Y después de la luz hay algo más?

—Sí, luego volvemos a encarnarnos físicamente para seguir aprendiendo en la vida y mejorar como personas, hasta que un día, cuando ya hemos alcanzado el nivel de amor máximo hacia nosotros y hacia los demás, morimos para ir a la luz y no regresar más al mundo físico, viviendo una eternidad de amor, paz y felicidad.

—¿Y si alguien no quiere ir a la luz?

—Pueden pasar siglos negándose a ir a la luz, pero antes o después terminan haciéndolo. Lo único que consiguen retrasando su paso por la luz es alargar su sufrimiento y su tiempo de aprendizaje, por eso necesito que mi abuelo acepte su muerte y vaya a la luz, es innecesario que siga sufriendo y alargando su etapa de aprendizaje.

—¿Tienes algún consejo para las personas que estamos vivas?

—No seáis materialistas, ni egoístas. Vivid en armonía con el entorno; respetad, ayudad y amar a todos los seres vivos sin excepción.

No sé si todo esto es cierto, pero el mensaje final me hace creer que detrás de esta comunicación hay una intención buena. Además, quiero aprovechar para decir que el fenómeno de la ouija no es tan oscuro como la sociedad cree. Mis experiencias con el tablero han sido mucho más positivas que negativas. He recibido más amenazas, insultos o intimidaciones a través de las psicofonías que del tablero, por lo cual discrepo de la versión popular que ve a la ouija como algo negativo o demoníaco. Está claro, y es evidente que puede ser peligrosa para personas sugestionables, creyentes o manipulables, pero no más que grabar psicofonías o acudir a falsas videntes y curanderas. Una persona influenciable o con debilidad mental puede sufrir consecuencias negativas a raíz de cualquier experiencia que tenga en la vida relacionada con lo paranormal y también con lo normal.

Ahora haremos un poco de ejercicio; subimos la escalera y nos ubicamos en la planta número dos del hospital del Tórax.

La planta 2

Quizá la planta que menos hemos investigado ha sido la segunda debido a varios factores, entre ellos porque una zona estaba cerrada y no se podía acceder. De todas formas hemos tenido experiencias curiosas y las manifestaciones de tipo paranormal se han presentado en varias ocasiones.

Una de las experiencias más impactantes la vivió mi amigo José de Cádiz en una de nuestras primeras visitas. Se encontraba en uno de los pasillos después de visitar varias habitaciones, mientras tanto yo grababa en vídeo la zona de la escalera central, cuando de repente comencé a escuchar a alguien correr y gritar. Instantes después, ante mí apareció José que venía atacado de los nervios. ¿Qué te pasa?, le pregunté. Entonces me explicó lo que había presenciado: «He empezado a escuchar pasos detrás de mí pero al girarme no había nadie, entonces he podido ver una sombra perfectamente definida y ha sido cuando he salido a correr como alma que lleva el diablo». La experiencia terminó en risas nerviosas por parte de mi compañero que tuvo que lidiar con el susto durante un buen rato.

Otra experiencia curiosa fue la que vivió Manel durante una de las noches que se adentró en el edificio con su grupo de amigos. Fue testigo junto a sus compañeros de sonidos extraños que parecían seguirlos por toda la planta, pero tras mirar en las habitaciones y pasillos de donde parecían proceder dichos sonidos no encontraron la causa que los originó. Finalizaron su andadura por esta zona del hospital sin hallar respuesta a su eterna pregunta. Días después de haber vivido la experiencia me aseguró que estaban completamente convencidos de algo: aquello tuvo un origen paranormal; nadie les gastó una broma.

Ahora vamos a conocer algunas de las psicofonías que se han registrado en esta planta.

—¿Se suelen ver muchas sombras por aquí?

—Vete.

Nos parecía cuanto menos curioso el hecho de que varios testigos nos hablaran de situaciones parecidas donde extrañas sombras parecían deambular por los pasillos y habitaciones de la planta, por eso quisimos formular una pregunta enfocada en esta dirección. La respuesta, sin embargo, fue inesperada. En estos casos esperas obtener una voz que afirme o desmienta la posibilidad de que en el lugar se manifiesten sombras de índole paranormal, pero el registro que obtuvimos nos invitó, de forma imperiosa, a salir de allí.

No sé por qué, pero en la mayoría de lugares que he investigado, con frecuencia he registrado voces de este tipo, parece que en ocasiones las inteligencias que se esconden detrás del fenómeno de las voces se sienten molestas o incómodas con nuestra presencia, y es por eso que nos echan del lugar con mensajes tajantes en este sentido. Otras, parecen más amistosas y cordiales, lo que podría indicar que el carácter de las entidades varía de unas a otras como lo hace el de las personas en nuestro mundo. De ser cierta esta suposición sería un punto de partida muy interesante para investigar el comportamiento y la reacción de las inteligencias psicofónicas.

—¿Podéis dar golpes para que sepamos que estáis aquí?

—No.

La experiencia de Manel y su grupo fue tan interesante que me recordaba a una que viví una noche a la cuatro de la madrugada cuando me adentré solo en el hospital. La gran diferencia es que yo escuchaba los golpes siempre delante de mí; cambiaba de escalera, de pasillo, de dirección, pero siempre los golpes se producían delante, descartando así que fuese alguna persona gastándome una broma. Aquella noche aguanté una hora en el edificio y salí de allí algo inquieto por la situación tan surrealista que había vivido.

En nuestra sesión de psicofonías quise retar a las entidades para que diesen golpes ante nuestra petición, para ello les pregunté si podían hacerlo, pero la respuesta fue negativa. De todas formas obtuvimos un mensaje coherente, demostrando así, una vez más, que el fenómeno es inteligente.

—¿Alguien nos escucha?

—Buenas noches.

En ocasiones el misterio se muestra esquivo y no consigues que se manifieste, como nos sucedió una de las tantas noches en las que hemos salido del edificio sin toparnos con lo extraño, sin embargo, en esta ocasión concreta al menos registramos una voz en nuestras grabadoras. Cansados de experimentar sin obtener resultados positivos y desarmados por el intenso frío que hacía, decidimos realizar nuestra última sesión de psicofonías antes de retirarnos a tomar un café calentito a la zona de los coches y marcharnos a dormir. En una de las últimas preguntas apareció una voz que parecía despedirse de nosotros cuando dijimos si alguien nos escuchaba. ¿Quizá esta inteligencia nos acompañó durante toda la noche pero no quiso manifestarse? Otros compañeros interpretaron la psicofonía como un saludo de bienvenida, creyendo que la entidad acababa de hacer acto de presencia entre nosotros. La verdad es que ambas interpretaciones parecen lógicas, nunca sabremos qué pasó realmente.

—¿También os podéis manifestar de día?

—Siempre podemos.

Uno de los grandes mitos que existen con respecto a los fenómenos paranormales es que muchas personas se creen que únicamente se pueden manifestar de noche. Esto no es así, las manifestaciones pueden presentarse ante nosotros a cualquier hora del día, lo que ocurre es que se suele investigar de noche por la tranquilidad que reina en el entorno, pero si la localización elegida está en una zona desértica o alejada del ruido mundano podemos investigar a plena luz del día, porque los resultados van a ser los mismos que si lo hacemos a altas horas de la noche. De todas formas quisimos formular esta pregunta para ver qué nos decían las voces. El registro nos dio la razón, avalando así la hipótesis que siempre hemos defendido, tanto yo, como las personas que me acompañaban aquella noche.

—¿Maltrataban a los enfermos en el sanatorio?

—Es mentira.

Una de las leyendas más populares con respecto al sanatorio es precisamente la que pone en tela de juicio el trato que recibían algunos pacientes que eran sometidos a experimentos ilegales. Siempre he defendido la idea de que esto no era cierto, o al menos que yo no he encontrado un solo indicio de que lo fuese. Estoy casi convencido del todo de que simplemente son rumores sin fundamentos. De todas formas quisimos plantear la pregunta para ver qué nos decían las voces psicofónicas. El resultado parece apoyar de forma tajante mi versión de los hechos. De todas formas quién sabe si algún día alguien podrá convencerme de lo contrario, aunque sinceramente lo dudo mucho.

—¿Los médicos eran buenas personas?

—Sí, todos.

En otra de las sesiones psicofónicas que realizamos en la planta dos preguntamos algo similar a lo expuesto anteriormente, pero le dimos una vuelta de hoja a la hora de formularlo. El resultado de la respuesta deja claro, una vez más, que los médicos que trabajaron en el hospital eran buenas personas. Supongo que cada uno tendría su carácter pero en el fondo alguien que elige una profesión en la cual el objetivo es ayudar a los demás no puede ser mala persona. Creo que en este caso las inclusiones registradas nos respondieron con sinceridad absoluta.

—¿Quieres que me vaya?

—Me da igual.

Como hemos comentado en páginas anteriores, suele ser normal que en sesiones de tipo psicofónicas se registren voces que te invitan a marcharte del lugar. Esto ocurre y es frecuente en cualquier enclave, no únicamente en el Tórax. Por esta cuestión decidimos formular la pregunta que nos ocupa en estas líneas. El resultado es llamativo cuanto menos, ya que parece que nuestra presencia es algo que no inquieta ni preocupa a las entidades que estaban presentes cuando captamos el mensaje. Imagino que en ese otro lado habrá inteligencias que se sientan incómodas con nuestra presencia, pero también otras a las que les guste que estemos ahí; por supuesto debe haber otras como la que nos contestó aquel día a las que les es indiferente.

He conocido varios testimonios de personas que han registrado voces extrañas en esta planta, pero que además estas psicofonías han venido acompañadas por otro tipo de fenómenos, donde las apariciones de sombras y el sonido de golpes rítmicos han estado presentes. Hablé con muchos testigos en la época que investigué el hospital, de la mayoría no recuerdo su nombre; fueron cientos las personas con las que tuve conversaciones relacionadas con el Tórax y sus experiencias, seguro que muchos de ellos estarán leyendo este libro actualmente y lo recordarán perfectamente.

A continuación vamos a conocer los mensajes que recibí en una de las tantas sesiones de ouija realizadas en esta zona del edificio.

—¿Hay alguien ahí?
—Sí, estamos nosotros.

—¿Quiénes sois?
—Amigos que queremos ayudar.

—¿Ayudarnos a nosotros?
—Ayudar a la gente honesta para que el nuevo orden mundial no consiga sus propósitos.

—¿Qué es el nuevo orden mundial?
—Se trata de una organización secreta formada por gente poderosa que quiere someter al mundo a una dictadura mundial para explotar a los pueblos y hacerse más ricos.

—¿Son como los masones?
—Los masones, los iluminati y grupos similares son solamente la parte visible de esta orden mundial. Esta organización controla muchos medios de comunicación, partidos políticos, la banca, el dinero, el poder; están metidos en todas partes y cada día son más fuertes, de hecho ya controlan el mundo desde hace varias décadas.

—¿Y cómo podemos salvarnos de ellos?
—Sabiendo quienes son y qué quieren. Mientras la sociedad siga pensando que no existen no hay nada que hacer.

—¿Cómo vais a ayudarnos?

—Interfiriendo en su canal de comunicación.

—No entendemos a qué te refieres.

—Las psicofonías son un canal de comunicación cifrado que inventaron para comunicarse entre ellos, y para asegurarse de que nunca serán descubiertos han disfrazado el sistema dentro de lo paranormal. Si la sociedad cree que este método de contacto sirve para hablar con los muertos nadie serio y con cierta credibilidad se molestará en meter las narices en el método de comunicación, pensando que se trata de una patraña.

—¿Estás diciendo que las psicofonías en realidad son mensajes cifrados que utiliza de forma interna esta organización mundial?

—Sí, en realidad cuando grabáis mensajes psicofónicos estas voces son en ocasiones mensajes cifrados que captáis de una conversación que están teniendo entre ellos, pero otras veces son voces que la organización misma lanza a través de este canal de comunicación con el fin de hacer creer a los investigadores de que se trata de voces de muertos o espíritus.

—Esto explicaría por qué nunca he registrado voces de familiares, amigos o conocidos que han fallecido.

—Ahí tienes una prueba más de que te estoy diciendo la verdad.

—¿Terminarán gobernando el mundo?

—Ya lo están gobernando. Ahora os dejo, tenemos que seguir haciendo llegar el mensaje a otras personas.

Esta ha sido una de las sesiones de ouija más interesantes que he presenciado en el Tórax, sobre todo relacionada con conspiraciones. Creo que se adapta perfectamente a mi visión sobre el nuevo orden mundial, sin embargo, tenemos que tener en cuenta que una sesión de ouija no deja de ser algo que tenemos que coger con pinzas, puesto que no sabemos quién se comunica a través de ella ni cuáles son sus intenciones. Estoy convencido de que las inteligencias que se comunican a través del tablero mienten en muchas ocasiones, por eso no podemos dar credibilidad absoluta a esta comunicación, a pesar de que venga a reforzar una de las teorías más valorada en los últimos años dentro del campo de las conspiraciones.

Ahora voy a explicar tres situaciones extrañas que viví en la planta dos del hospital del Tórax, para concluir con el capítulo y adentrarnos en la planta tres, donde he presenciado situaciones impresionantes, incluso he sido testigo de cómo un hombre me apuntó con una pistola.

Una brisa fresca

Una tarde, mientras realizábamos grabaciones psicofónicas y tomábamos mediciones ambientales con una estación meteorológica, sufrí un fenómeno un tanto extraño que me dejó perplejo. La grabadora de mi compañero había captado dos voces curiosas, pero aparte de esto no sucedió hasta ese instante nada más destacado, así que decidí pasear por la planta y entrar en varias habitaciones, cuando de repente, en uno de los largos pasillos comencé a escuchar pasos que me seguían; me giré y pude comprobar que no eran mis compañeros, pero aun así seguía oyendo las pisadas, hasta que noté una brisa leve que me atravesaba; no sé cómo describirlo porque la sensación fue muy extraña. Al sentir esa brisa dejé de oír los pasos. Tengo que reconocer que la impresión que tuve y la conclusión a la que llegué es que algo invisible se acercó caminando hasta mi posición y luego me atravesó. Sé que parece una locura, pero es la sensación que tuve y así la cuento.

Me he topado con muchos testigos en estos años que me han descrito esta misma brisa, casualmente antes o después de toparse con alguna manifestación paranormal, sin embargo, la diferencia es que ellos la percibieron en su piel y yo noté como se metía dentro de mi cuerpo y volvía a salir, traspasándome, como si fuese algo etéreo.

La grabadora se enciende sola

En el documental sobre Can Busquets que grabé para el DVD «Terrassa insólita y misterios del mundo» Carlos C. aparece contando una experiencia en la cual la grabadora se le encendió sola y comenzó a reproducir una pista de audio previamente grabada. El suceso es extraño, tanto que parece imposible que ocurra dos veces, pero en el hospital del Tórax todo es posible, y años antes de que sucediera este incidente en Can Busquets, me ocurrió a mí en el sanatorio.

Me encontraba realizando fotografías, cuando de repente empecé a escuchar voces que no identificaba de dónde procedían, hasta que me percaté que salían de mi mochila, entonces abrí la bolsa y me quedé perplejo al observar cómo la grabadora se había puesto en funcionamiento sola, sin que una causa lógica la hubiese activado. Siempre que dejo de utilizar mis grabadoras las bloqueo con el botón de seguridad, por lo que es imposible que un movimiento dentro de la mochila activase el sistema de reproducción. Estoy convencido de que algo extraño y ligado a los fenómenos paranormales fue lo que causó esta anomalía en mi aparato.

No conozco más casos aparte de estos dos donde una grabadora se haya activado sola en plena investigación, pero sí he hablado con varios testigos que han sufrido anomalías con televisiones o equipos de sonido en sus domicilios o empresas, por lo que deduzco, una vez más, que las inteligencias a las que nos enfrentamos tienen en ocasiones la capacidad de alterar y manipular nuestra tecnología, de hecho el fenómeno psicofónico, es en sí una alteración de la tecnología y de las leyes físicas.

El máster de la ouija desaparece

Una vez escuché un programa de radio donde un conocido investigador aseguró que dejó su grabadora en una cueva y salió al exterior unos minutos, quedándose en la única puerta de entrada y salida que había. Al volver al interior y disponerse a grabar una nueva sesión de psicofonías se dio cuenta de que su grabadora había desaparecido. Recuerdo que llevaba poco tiempo en el misterio cuando escuché el programa de radio donde explicaron esta experiencia. En su día dudé de que fuese cierto, sin embargo, a día de hoy este investigador me trasmite toda la confianza del mundo, pero además, hubo algo que me hizo darme cuenta de que este tipo de cuestiones surrealistas pueden llegar a producirse de vez en cuando.

Os contaré mi experiencia: realizamos una ouija en una de las habitaciones de la planta dos, y salimos a la puerta de la estancia para relajarnos unos minutos antes de retomar la sesión; la entidad parecía que se había marchado y aprovechamos esos instantes para desconectar un poco. Para quien no lo sepa, realizar una sesión de ouija puede acarrear cansancio y dolor de cabeza para algunas personas, entre las cuales me incluyo yo, por eso salimos de la habitación unos instantes, necesitaba airearme. Cuando volvimos a entrar nos encontramos con la sorpresa; el máster que utilizábamos para guiar la sesión había desaparecido. ¿Cómo es posible que una anilla de madera se esfume sin dejar rastro? Aquella habitación no tenía balcón, ni se podía acceder por ninguna parte que no fuese por la puerta donde estuvimos nosotros. El suceso ha sido uno de los más raros que he vivido relacionado con la ouija en el hospital del Tórax. A día de hoy sigo sin hallar una explicación que me convenza. ¿Qué creen ustedes que pudo pasar aquella noche?

Ahora subimos a la planta número tres. Agarren bien el libro porque vamos a conocer algunas experiencias escalofriantes, y no todas relacionadas con fenómenos paranormales, algunas muy, pero muy, terrenales.

La planta 3

Hemos investigado con mayor frecuencia la planta baja, la novena y la número tres, siendo junto a la Capilla las zonas que más hemos explotado en cuanto a experimentación se refiere. En esta zona concreta que nos ocupa en este capítulo realizamos la introducción en el programa Callejeros, se grabó la sesión de ouija con la productora Visual-Beast, y se produjeron otros acontecimientos dignos de reseñar.

Comenzaremos por aquellos que tienen que ver con el misterio, para terminar explicándoles otras situaciones que no tienen relación con lo paranormal pero que sí me impactaron de forma extrema, algunas me hicieron sentir miedo de verdad, como en pocas ocasiones he vivido.

Diana, Diana...

Hubo una temporada en la que trabajó un vigilante muy peculiar en el turno de noche, con quien hicimos una buena amistad. Este hombre, de unos treinta años de edad, estaba un poco ido de la cabeza, en el buen sentido, y pasamos muchas noches entre risas y conversaciones de todo tipo; noches en las cuales no investigamos, pero antes de todo esto, vivimos algunas experiencias con él que no le dejaron indiferente, donde sí experimentamos con el misterio. El primer día que entró a trabajar nos dijo que no creía en esto de lo paranormal; se mostraba totalmente escéptico, por lo cual le invitamos a acompañarnos en una de las investigaciones. Para ello nos ubicamos en la planta número tres, concretamente en una habitación que tenía televisión e incluso hubo una época que hasta luz; se podía ver la tele. La cuestión es que en ocasiones elegíamos esa estancia porque allí no necesitábamos velas para alumbrarnos y teníamos una gran mesa con sillas. Aquella noche comenzamos como siempre, con una sesión de psicofonías en la cual todos los presentes formulamos alguna pregunta, dejando unos segundos en silencio para que las voces del más allá se pudieran manifestar. Tras revisar la primera grabación, la cara de nuestro invitado era todo un poema. Registramos dos voces que decían un nombre: «Diana». Aquella persona que aseguraba ser escéptica no dejaba de repetir una y otra vez que alguien nos había dicho Diana; no daba crédito al suceso y, fue entonces cuando empezó a sugestionarse o, al menos eso creímos todos al principio, pero luego nos dimos cuenta de que algo extraño pasaba. La reacción de este hombre fue escalofriante, éstas fueron sus palabras: «hay una mujer, ahí hay una mujer, es una anciana, está en la esquina de la habitación, se comunica conmigo de forma mental... me habla, me está hablando. Haced una fotografía, hay una mujer que me habla mentalmente... ¿no la veis?, ¿no la escucháis? Está en la esquina, tenéis que verla». Pensamos que nos estaba tomando el pelo debido a su escepticismo, pero en pocos segundos vimos como su rostro se ponía pálido y valoramos la posibilidad de que estuviese sometido a una intensa sugestión, sin embargo, él insistía en que hiciéramos una fotografía de aquella esquina donde supuestamente estaba la anciana. José agarró su cámara y yo cogí la mía; ambos lanzamos una instantánea hacia el lugar indicado por nuestro acompañante aquella noche. Lo que sucedió fue surrealista, ambas cámaras se quedaron bloqueadas, como si el tiempo se detuviese para ellas, y varios segundos después se desbloquearon a la vez, y de forma sincronizada lanzaron la fotografía a la vez que ambos flashes se dispararon.

No sé qué ocurrió aquella noche, pero estoy convencido de que aquella persona que presumía de ser escéptica pudo ver algo que el resto de personas no vimos. Prueba de ello es que ambas cámaras fallaron a la vez y se recuperaron al mismo instante. Los aparatos no se sugestionan, por lo que la experiencia es muy interesante de analizar.

Sesión de ouija con Visual-Beast

Una de las sesiones de ouija más interesantes la vivimos con la productora valenciana Visual-Beast, quienes fueron testigos de momentos asombrosos, sobre todo José Luis; un cámara del equipo con inquietudes que todos desconocíamos hasta que el tablero empezó a reflejar aspectos privados de su vida que dejó al grupo atónito.

La entidad que se comunicó aquella noche con nosotros empezó hablando de la cámara de vídeo que José Luis llevaba, explicando funciones que tenía y comentando características muy peculiares. Aquello despertó la curiosidad de los presentes, pero siempre te queda la duda de que alguien pueda conocer la información vertida en el tablero y de forma inconsciente sea quien activa la ouija. Por eso, le pedimos a la entidad que nos dejara pruebas más contundentes para que el equipo de la productora tuviese evidencias reales de su existencia. Fue entonces cuando comenzó a hablar del aspecto privado de la vida del cámara, nombrando a varias personas de su entorno y, haciendo hincapié, sobre todo, en algo que todos desconocíamos. Dijo que José Luis quería ser actor, incluso habló de un corto que iba a grabar próximamente; nos dio detalles tan explícitos como la trama argumental y el título del cortometraje, además animó al cámara para que no dejara de luchar por su sueño, a pesar de que algunas personas de su entorno no lo apoyaban. Aquello dejó a José Luis eclipsado, porque al parecer todo lo que trasmitió la ouija durante aquella sesión fue cierto, hasta los detalles más insignificantes. Recuerdo que al finalizar la práctica, el cámara gritaba a la ouija con entusiasmo, agradeciendo todo el apoyo que la entidad le habría brindado. Fueron unos momentos muy emotivos y llenos de ilusión.

Otra de las cosas llamativas que nos sucedió durante la sesión fue que nuestros dedos se quedaron, literalmente, pegados en la anilla de madera durante varios segundos, sin que ninguno de nosotros los pudiéramos levantar. Momentos antes, le habíamos pedido a la ouija que apagara una de las velas que teníamos encendidas. Las pusimos para adornar el plano de cara a cámara, porque la luz eléctrica nos permitía ver perfectamente. La cuestión es que el máster empezó a dar vueltas, acercándose cada vez más hasta la zona de la mesa donde estaba la vela, incluso llegó a estar tan cerca que dijimos que al final tiraríamos la vela con nuestras manos, así que intentamos quitar el dedo para evitarlo, pero no sé por qué, en ese momento nadie pudo despegar el dedo de la anilla, tardamos varios segundos en poder hacerlo. En el vídeo se ve perfectamente cómo hacemos fuerza para retirar nuestro dedo, pero éste permanece pegado a la anilla y el máster a su vez pegado al tablero, como si una potente fuerza magnética no dejara que se levantara. Ha sido lo más extraño, surrealista y alucinante que me he encontrado en esa zona del hospital del Tórax.

¿Qué creen que ocurrió aquella noche? Yo no tengo ni idea, pero estoy convencido de que nunca más volveré a toparme con algo similar, lo considero muy improbable.

Un hombre con pistola

Llevábamos días en los cuales nos tiraban piedras desde las plantas superiores del hospital, además no éramos los únicos a los que les ocurría esto. Alguien se dedicaba a provocar a quienes estaban en el edificio y luego se escondía, de hecho, nadie llegó a encontrar nunca al intruso, ni siquiera nosotros que conocemos el lugar perfectamente. La situación era extraña, pero nunca pude llegar a imaginar que nos sucedería aquello: un hombre nos apuntó con una pistola.

Subimos los tres peldaños que dan acceso a la entrada principal del edificio; para quien no lo sepa este acceso está en la planta número tres. Y cuando caminábamos hacia la escalera principal pude ver cómo un hombre se paró y nos señaló estirando el brazo. En aquella época no llevaba gafas y de lejos veía algo borroso, por lo que no me percaté de lo que acababa de suceder. Mi amigo José, me preguntó si lo había visto, y le dije que sí, pensando que se refería al hombre que nos había señalado, entonces le comenté que quizá me había reconocido y por eso nos señaló. No nos ha señalado, me respondió con firmeza, nos ha apuntado con una pistola, me dijo serio. ¿Cómo dices, José? Me quedé perplejo por la situación, y mi compañero me reafirmó que el individuo llevaba una pistola y nos había apuntado. Entonces, no lo pensamos dos veces y fuimos a ver al vigilante que estaba en ese turno, con quien teníamos una estrecha relación de amistad, para contarle lo que nos acababa de ocurrir. Le aconsejamos que avisara a la Policía, y así lo hizo. Minutos más tarde varios coches de los Mossos d´Escuadra se personaron en el hospital y les explicamos lo que habíamos visto. Fue espectacular ver cómo se enfundaban los chalecos antibalas y cargaban las pistolas antes de entrar al edificio. Según nos comentaron los propios agentes, por lo que les explicamos podría tratarse de alguien que se estaba entrenando para algo, por eso lanzaba piedras y luego se escondía.

Nunca llegamos a saber quién era esa persona, ni siquiera la Policía consiguió encontrarlo, lo que sí tuvimos claro tanto los agentes que vinieron, como nosotros, es que posiblemente esa persona estaba realizando algún tipo de entrenamiento.

Una sombra se abalanza sobre mí

Hasta que no revisé las anotaciones que iba escribiendo en relación a mis vivencias en el Tórax no me he dado cuenta de que la experiencia que tuve con la sombra uno de los primeros días que investigué el lugar había ocurrido en la planta 3, creyendo hasta la fecha que había sido en otra zona del edificio; estaba convencido de ello.

Por la zona donde paseaba apenas había luz, la oscuridad reinaba entre las paredes del largo pasillo, mis ojos se habían acostumbrado a esa tonalidad opaca, por eso, en un primer instante creí que un efecto óptico o una mala interpretación mía debido al cambio drástico entre oscuridad y claridad fue lo que me hizo ver algo que en realidad no existía, pero tiempo después conseguí registrar la misma imagen en vídeo, aunque fue en otra planta.

Abrí la puerta que daba paso a la zona central de la planta, donde la luz entraba por todas partes, fue entonces cuando presencié atónito cómo una sombra negra, pero sin forma definida, se abalanzaba sobre mí, dejándome mareado y descolocado durante algunos segundos. La sensación no fue agradable precisamente, pero por suerte me recuperé en menos de un minuto y tomé la experiencia como eso: una experiencia, sin más.

Otros testigos han descrito sombras similares a la que yo vi y noté aquella tarde, pero existe una gran diferencia entre sus experiencias y la mía, como ocurriera con aquella leve brisa que he contado en un capítulo anterior; a mí me traspasó, aunque en este caso concreto de la sombra no percibí exactamente que me traspasara, fue distinto, es como si la sombra descargara sobre mí toda su energía, provocando que esto me dejara medio aturdido durante unos segundos.

¿Ha estado usted alguna vez en el hospital del Tórax y ha tenido alguna experiencia similar? Si es así me gustaría que me la contara. Somos muchos los que hemos vivido cosas extrañas, y eso se tiene que saber, ya está bien de que crean que somos cuatro personas con la cabeza perdida.

Registran una sombra que luego omiten

Un conocido grupo de investigación de La Rioja, se acercó hasta el hospital del Tórax para compartir con nosotros una noche de investigación, en la cual sucedieron cosas interesantes en varios aspectos, entre ellos en una sesión de ouija que realizamos, pero lo más destacable fue una sombra que registraron con la cámara de vídeo en el balcón de la planta tres, concretamente a la altura de la habitación donde estaba la televisión y mientras realizábamos la sesión de ouija. Su máximo representante me dijo, palabras textuales: «hemos registrado una sombra extraña con la cámara de vídeo». También sucedieron otros fenómenos curiosos y se captaron psicofonías interesantes; todo transcurrió bien a nivel de investigación.

Años después de la visita del grupo al sanatorio, nuestra relación comenzó a ser menos buena, no sé por qué, pero de un día para otro comenzaron a atacarme intentando desprestigiarme como investigador. La verdad es que todo esto me pilló de sorpresa, porque no había tenido ningún problema con ellos, ni siquiera una mínima discusión. Tiempo atrás me ficharon como delegado de su grupo en Cataluña, decían que era el mejor investigador de la comunidad y me querían en sus filas. Estuve un par de años como delegado hasta que decidí dejar el cargo porque tenía otros proyectos, quizá fue esta decisión la que les hizo cambiar de actitud hacia mí, no lo sé. La cuestión es que pasé de ser el mejor y el más honesto a convertirme en el peor investigador y el más deshonesto.

Lo sorprendente es que yo seguía siendo el mismo, pero ellos ya no hablaban igual de mí. La cuestión es que en un programa de televisión local trataron el tema del hospital del Tórax con la finalidad de desprestigiar el tema para hacerme daño, así que aprovecharon las imágenes que habían grabado en el recinto para demostrar que ellos estuvieron allí. Tengo que aclarar que sólo han visitado el edificio una vez, y en otra ocasión la Capilla. A pesar de no haber tenido tiempo ni de ver medio hospital se permitieron el lujo de presumir de seriedad y rigor, para decir que no ocurre nada extraño en este lugar, omitiendo la sombra que grabaron y las psicofonías que se registraron. Además, me acusaron, aunque sin dar mi nombre, de tener un monopolio con el tema del Tórax. Sólo diré una cosa con respecto a esto, y es que yo no soy el propietario del Tórax, ni de ningún otro enclave con misterio, así que igual que yo puedo pasar cuatro o cinco años investigando un lugar concreto, quien quiera también puede hacerlo, no existe ningún tipo de monopolio, lo que sucede es que es más sencillo criticar desde el sillón de casa que pasar tantos años investigando un sitio. No pretendo ser ejemplo de nada, pero queda demostrado que tras investigar más de cien casos y entrevistarme con más de doscientos testigos en diez años, me implico mucho más que ellos a la hora de investigar el misterio, y si hablamos de divulgación puedo decir que he publicado artículos en cuatro revistas de formato papel y quince libros, cosa que ellos no han hecho, por no mencionar mi bagaje en radio y televisión.

En el misterio hay muchas envidias, intereses y falsos amigos, que cuando les interesa te doran la píldora y cuando dejan de interesarles te machacan de forma destructiva, por eso hace tiempo que me alejé de este mundillo de personas, colaborando sólo en Milenio y algún que otro medio de forma puntual.

En próximos capítulos conoceremos otras historias parecidas a ésta, ahora vamos a seguir con los misterios de la planta tres, que seguro os interesa más que este juego de falsedad y traiciones.

Algunas psicofonías registradas en esta zona han sido realmente atractivas de analizar, así que vamos a conocer algunas de ellas antes de trascribir, como ya es habitual en el libro, parte de una sesión de ouija realizada en cada planta.

—¿Existe la reencarnación?

—No lo sé.

Varias sesiones psicofónicas han ido encaminadas en temas relacionados con lo trascendental, y unas de las preguntas que nos fueron contestadas fue la que planteamos sobre la posibilidad de que existiera la reencarnación. Una voz, con tono agudo y femenino nos contestó diciendo que no lo sabía, lo que me demuestra a título personal que las voces que se comunican desde ese otro lado no tienen todas las respuestas. Esto deberíamos tenerlo en cuenta a la hora de experimentar, porque en muchas ocasiones damos por supuesto que en el más allá son como Dioses que lo saben todo, pero si analizamos algunas de las inclusiones que se han registrado a lo largo de la historia nos daremos cuenta de que esto no es así. Poseo un archivo de cientos de grabaciones y, si analizo las voces obtenidas puedo dar fe de que gran parte de las inteligencias que habitan en ese otro lado desconocen las respuestas sobre cuestiones relacionadas con lo trascendental.

—¿Conoces a Dios?
—El Dios Pater.

Nuestra insistencia con preguntas relacionadas con lo espiritual llegó a ser tan insistente que algunas de ellas fueron contestadas, creo que tengo en mi archivo más de veinte donde al menos hay respuesta por parte de la causa paranormal a este tipo de cuestiones. Un ejemplo de ello es este mensaje extraño donde interpreto que viene a querer decir algo así como que Dios es nuestro padre, aunque no lo sé con exactitud, ya que puede dar lugar a varias interpretaciones. Cuanto menos el contenido es curioso y poco frecuente, me llamó mucho la atención cuando la registré y sigue haciéndolo a día de hoy, varios años después.

—¿Las sombras que ve la gente sois vosotros?
—Somos muchos.

Estaba convencido de que las sombras podían tener algo que ver con los fenómenos paranormales que se producían en esta zona, pero dudaba de que fuesen originadas por la misma causa que produce el fenómeno psicofónico, como vengo exponiendo a lo largo del libro; creo que son fenómenos independientes, aunque es solamente una opinión, eso sí, basada en mis años de investigación. Formulamos la pregunta encaminada en este aspecto, esperando obtener una respuesta afirmativa o negativa, sin embargo, el resultado fue un mensaje ambiguo que puede dar lugar a diferentes interpretaciones, como ya ocurriera con otras psicofonías captadas y que hemos expuesto anteriormente. El fenómeno de las voces electrónicas es en ocasiones muy escurridizo. De todas formas, interpreto que la voz nos puede responder de forma afirmativa con su mensaje. ¿Comparten mi opinión, queridos lectores?

—¿Quién ha bloqueado las cámaras de fotos?

—Una mujer.

La experiencia con el vigilante fue tremenda, tanto que nos dejó preocupados e indecisos a la hora de dar una valoración objetiva al suceso. Aquella noche hubo opiniones de todo tipo y para todos los gustos, sin que el consenso estuviera presente en el grupo, por eso optamos por preguntar a las voces del más allá quién había bloqueado las cámaras. La respuesta fue contundente: «una mujer». Resolviendo así todas nuestras dudas, por lo menos para la mayoría del grupo, porque algunos estamos convencidos de que en ocasiones estas inteligencias mienten, de todas formas, en esta ocasión concreta todo parecía indicar que la sinceridad era absoluta, sólo teníamos que remitirnos a los hechos para darnos cuenta de que algo fuera de lo normal había sucedido.

—¿Hay alguien ahí?

—Caminando vengo.

Iniciamos la sesión con una pregunta típica, esperando también una respuesta común, pero el resultado fue sorprendente. ¿Cómo es posible que algo o alguien etéreo camine? Supuestamente estas inteligencias no tienen cuerpo físico, por lo cual la respuesta me chocó bastante. ¿Tienen alguna teoría para argumentar la contestación que recibimos aquel día? Mi compañero Juan, creyó en su momento que quizá la entidad no aceptaba la muerte y pensaba que seguía con vida, por eso dijo que venía caminando. La verdad es que puede ser un explicación interesante, aunque como ocurre siempre, no tenemos pruebas definitivas que avalen nuestra interpretación. Tendremos que seguir investigando para hallar la verdad, si es que esto es posible, cosa que a día de hoy me cuesta creer.

Hemos conocido sesiones de ouija de diferente índole hasta el momento, creo que todas han sido muy interesantes, seguro que son del agrado de todos ustedes, espero no equivocarme. Por eso, quiero continuar transcribiendo parte de alguna de las comunicaciones que hemos establecido en cada planta del edificio mediante este sistema. Nos adentramos pues, en el fenómeno de la vasografía.

—¿Cómo te llamas?
—Antonio.

—¿Has muerto en el hospital?
—Sí, lo hice hace unos años, pero sigo aquí.

—¿No ves la famosa luz?
—No, sólo veo oscuridad.

—¿Podemos ayudarte de alguna forma?
—Necesito ayuda, no sé por qué me pasa esto. Puedo escuchar voces pero no veo nada, todo es oscuridad.

—¿Aparte de nuestras voces puedes escuchar a más gente?

—Sí, oigo a muchas personas hablar; tienen conversaciones sobre cuestiones relacionadas con el hospital, es como si el edificio siguiera en funcionamiento.

—Si no puedes ver y solamente escuchas, ¿cómo sabes que en realidad el hospital ya no está en funcionamiento?

—Lo siento, tengo que marcharme.

Aquella noche desenmascaramos a una entidad que se quiso hacer pasar por un fallecido del hospital. No tengo la más mínima duda de que intentaba engañarnos, únicamente hay que analizar la conversación que mantuvimos con ella mediante el tablero.

Igual que defiendo que la ouija no es tan negativa como se quiere hacer creer, afirmo que en muchas ocasiones miente, pero en la mayoría de ellas no tenemos tanta suerte como en esta sesión donde pudimos desenmascarar a la inteligencia que quiso engañarnos, por eso es de suma importancia no fiarnos nunca de los mensajes recibidos mediante este sistema de contacto.

Ahora seguimos ascendiendo por el edificio y nos ubicamos en la planta número cuatro.

La planta 4

En esta nueva ubicación del edificio había algo característico que lo diferenciaba del resto de plantas; eran unas columnas tiradas en el suelo, justo en la zona de la escalera central. Esto pertenecía al escenario de la película «Frágiles»; producción española de gran éxito. Dicen que en el making of de la versión extendida del DVD aparece el director asegurando que durante el rodaje se grabaron inesperadas psicofonías, las cuales decidieron dejarlas en la película. Lo cierto es que no he podido ver el DVD, por lo que no puedo afirmar que estos comentarios que me han llegado sean ciertos, pero sí puedo decir que la mayoría de personas que me lo han comentado me trasmiten total confianza.

En esta zona del sanatorio se han producido muchas situaciones extrañas, algunas aparecen en mis libros anteriores y otras quiero contarlas en estas páginas. Si les parece vamos a conocer algunas de ellas.

La habitación de los cambios de temperatura

En la zona de la escalera central, junto a los ascensores y a las columnas mencionadas anteriormente, hay una habitación de gran dimensión, donde ocurría algo sorprendente que la mayoría de personas que se adentraban en ella experimentaban. Y es que esa estancia a priori parecía como cualquier otra, pero una vez que ponías un pie en el interior te dabas cuenta de que algo extraño sucedía; notabas un cambio de temperatura brutal que, además, se manifestaba a contracorriente. Me explicaré: en verano hacía mucho frío y en invierno mucho calor. Las ventanas estaban rotas, por lo que es físicamente imposible que en invierno hiciera calor.

Esta estancia ha sido protagonista de multitud de conversaciones en el interior del edificio, pero también en el exterior del recinto cuando te encontrabas con personas que habían visitado en alguna ocasión esta zona.

Lo más llamativo de todo es que los termómetros marcaban la temperatura ambiente real, por lo que la sensación de frío y calor era algo que se percibía corporalmente, pero que no se plasmaba en las estaciones meteorológicas, ni termómetros.

Podríamos creer que todo se debe a la sugestión, pero cuando te topas con decenas de personas que han experimentado lo mismo que tú, y que además, no se conocen entre ellas, te das cuenta de que la hipótesis que habías planteado se desmorona al quedarse sin argumentos.

Extraña formación grabada en móvil

Tras realizar una sesión de ouija con mi amiga Sonia y dos personas que nos acompañaron aquella tarde, fui testigo de algo inusual que jamás había vivido antes. Nos encontrábamos en la zona de las columnas, cuando el marido de la amiga de Sonia nos alertó de que algo extraño se estaba grabando en el móvil. Cuando miramos la pantalla vimos una especie de humo denso de color negro que parecía tener cuerpo, aunque la forma variaba. Esta formación extraña se desplazaba de forma inteligente por el suelo de un lado para otro, sin embargo, apartabas la vista de la pantalla del teléfono y dejabas de verla. O sea, que aquello lo registraba el móvil pero nuestros ojos no eran capaces de verlo, teníamos que visionar la pantalla del teléfono para ver en directo cómo se movía la extraña masa negra.

No tengo ni la más remota idea de qué fue aquello, pero años después tuve varias experiencias con algo similar a esto, en Torre Salvana; allí sí lo presenciamos en vivo, sin necesidad de aparatos. En una sesión de ouija en el mencionado castillo, el humo negro se presentó ante nosotros como «LAL», siglas que pertenecían a un grupo, según nos explicó: «Luminatis Asigner Lumis». Que sería algo así como «Iluminados asignados a la luz». Esta sesión de ouija fue grabada por TV3 para un programa que emitió sobre nuestras investigaciones, al cual fui invitado por el periodista y escritor Josep Guijarro. También investigamos en el mítico parador de Cardona.

No sé si ambas masas negras, la de Torre Salvana y la del Tórax son lo mismo, a mí me parecen muy similares, pero no tengo la certeza del cien por ciento. De todas maneras ambas experiencias me dejaron huella.

Fotografía de un inmenso rostro

En una de las escaleras secundarias del edificio, entre la planta cuatro y la cinco, José registró una imagen con su cámara de fotos que lo dejó perplejo. En la instantánea se ve un rostro de grandes dimensiones en el cual se definen perfectamente algunos rasgos de la cara como los ojos, la boca y la nariz. Ha sido la imagen más extraña que mi compañero ha conseguido registrar en el hospital durante sus investigaciones.

Para algunos, esta fotografía puede deberse a una simple pareidolia; para otros se trata de una prueba evidente de que el lugar encierra muchos misterios, incluso hay quien afirma que es una clara evidencia de que el hospital está habitado por seres de otros mundos. Sea como fuere, lo que tengo claro es que la imagen no es ninguna pareidolia, ni tampoco un error de la cámara, estoy seguro de que es algo extraño, lo que no puedo es llegar a saber con exactitud el origen que tiene.

Imagen captada de un sensor saltando solo

Han sido varias las ocasiones en las cuales un sensor de movimiento ha saltado sin causa aparente. Además, en varios lugares como Can Busquets, entre otros, también nos ha ocurrido, pero el enclave estrella en este aspecto ha sido el hospital del Tórax, donde el suceso se ha repetido en varias ocasiones. Una de estas veces llegamos a registrarlo con la cámara de vídeo; se ve en la imagen todo el pasillo y cómo el sensor pita sin que nada, ni nadie pasara por delante. Ha sido una de las experiencias más interesantes que he vivido con este tipo de aparatos. También en la planta nueve nos sucedió algo parecido con la productora Visual-Beast, pero lo contaremos más adelante, una vez que lleguemos al capítulo de dicha planta.

La noche que presenciamos el fenómeno del detector en la planta cuatro, nos encontrábamos varias personas realizando una sesión de ouija, y en un momento determinado, cuando la entidad dijo que se marchaba, pasaron varios segundos y saltó el detector, como si algo invisible se hubiese postrado delante. Tras el suceso revisamos la cinta de la videocámara para descartar que tuviese una explicación racional, pero nada, absolutamente nada había interferido delante del detector, dejándonos pletóricos de emoción y alegría. Registramos la prueba evidente de que no estábamos solos en esa cuarta planta del mítico Tórax.

Los detectores registran muchas presencias

Una noche realizamos una sesión de ouija en uno de los pasillos de la planta cuatro, además colocamos un sensor de movimiento a unos cinco metros de nuestra posición apuntando al lado opuesto de dónde nos encontrábamos, con el fin de que captara a alguna extraña presencia. Lo sorprendente duró durante toda la sesión, en la cual el detector saltó cuatro o cinco veces de forma inexplicable y, casualmente, cada vez que una entidad entraba o salía del tablero. Estoy seguro de que aquello no fue una simple casualidad, sería imposible que lo fuese.

Sé que he defendido en muchas ocasiones y, también a lo largo de este libro, que el fenómeno psicofónico y las manifestaciones ouija en ocasiones son producidos por inteligencias que nada tienen que ver con el resto de manifestaciones paranormales, sin embargo, lo que presenciamos aquella noche es evidente que demuestra que a veces existe una unión entre ouija y manifestaciones paranormales, siendo las mismas inteligencias que se manifiestan en el tablero, las que pueden hacer saltar los detectores de movimiento y, seguramente otro tipo de aparatos, jugando así con nuestra tecnología. Supongo que compartirán conmigo esta hipótesis.

Ahora vamos a conocer algunas psicofonías que registramos en esta planta y que tienen relación directa con el cine. Creímos que era un buen lugar para preguntar sobre este asunto debido al resto de escenarios que quedaban en pasillos y habitaciones.

—¿Se registraron psicofonías en películas que se grabaron aquí?

—Algunas.

El rumor que existe sobre la relación entre el mundo de la gran pantalla y los fenómenos inexplicables es evidente, por eso una de las preguntas que formulamos fue encaminada al tema psicofónico. Tenía constancia de que sí se habían registrado voces extrañas durante algunas grabaciones, pero lo realmente interesante sería que las propias voces del más allá respondieran de forma afirmativa a esta cuestión, y para ello no tuvimos que esperar demasiado, tras insistir varios días llegó la contestación; quizá en el momento menos esperado por mí, ya que tendemos a creer de forma inconsciente que cuando la luz del día nos acecha es menos probable que lo paranormal se presente ante nosotros, pero en realidad esto no es así y registramos la voz por la tarde, cuando el sol entraba por los ventanales.

Aquel día, una voz masculina y grave nos confirmó que se habían obtenido algunas inclusiones psicofónicas durante los rodajes de películas. ¿Queda resuelta la incógnita? Para mí, no del todo, pero por lo menos parece lo más probable.

—¿Es cierto que algunos actores han presenciado fenómenos paranormales?

—Tienen miedo.

Otro de los rumores que vincula al mundo del cine con las extrañezas del Tórax, señala directamente a los actores de grandes films como testigos presenciales de fenómenos paranormales, por eso la pregunta era obligada. Tengo que reconocer que para obtener respuesta tuvimos que formularla muchas veces en diferentes sesiones, hasta que al fin, una noche tormentosa fue contestada: «tienen miedo». Como imaginarán, el mensaje puede dar lugar a varias interpretaciones, pero lo que parece más probable es que con estas palabras la voz se refiriera a que los actores sentían miedo. De ser así, cuestión que no sé a ciencia cierta, ¿tendrían miedo de la cara siniestra del edificio o por lo contrario su miedo sería a las manifestaciones que supuestamente presenciaron? La duda queda en el aire, y por ahora sólo ustedes pueden intentar resolverla.

—¿Os molesta que se graben películas en este hospital?

—No.

Muchas veces se tiende a pensar que nuestra presencia en lugares donde habita la causa paranormal puede provocar que ésta se sienta molesta con nosotros, pero como hemos comprobado en comunicaciones anteriores no siempre es así, es más, yo diría que esto ocurre en el mínimo de ocasiones. Otra prueba que avala mi teoría, al menos así lo entiendo yo, es la grabación que obtuvimos una noche en el Tórax mientras realizábamos una sesión de ouija. Formulamos la pregunta a través del tablero; teníamos la grabadora registrando el audio de la sesión y se coló una voz que contestó de forma negativa a la pregunta de si les molestaba que se grabasen películas en el recinto.

—¿Es verdad que a una productora se le borraron imágenes de forma misteriosa?

—Verdades son, verdades.

Uno de los vigilantes me comentó que a la productora que grabó la película «Mundo perro», supuestamente se le borraron de forma inexplicable imágenes que grabaron, hasta tal punto que al terminar el rodaje en el hospital tuvieron que regresar semanas después para volver a grabar las mismas escenas. Posteriormente, dos vigilantes más reafirmaron lo mismo, incluso uno de ellos me aseguró que llegó a entablar cierta amistad con el director y fuera de su horario laboral pudo presenciar cómo se rodaban algunas escenas.

La pregunta que formulamos en la sesión psicofónica tuvo como propósito averiguar si realmente ocurrió lo que estos empleados me habían explicado. El resultado fue sorprendente; una voz femenina nos contestó con contundencia.

—¿Cuantas películas se han grabado aquí?

—Unas cientos.

Según me consta se han grabado muchas películas en el hospital del Tórax, además de anuncios, programas de televisión, documentales y otras producciones audiovisuales, pero desconozco el número exacto, por lo que decidí plantear esta cuestión en una de las sesiones de psicofonías que realizamos en la habitación de los cambios de temperatura. Aquella noche el fenómeno de las voces apenas se había manifestado, lo que provocó en mí un estado de desilusión, creía que ya no registraríamos nada más en lo que quedaba de noche, pero la sorpresa saltó instantes después, cuando una voz masculina y de origen desconocido respondió a mi pregunta. Tengo que reconocer que me alegré mucho por el hecho de llegar a obtener aquella voz, pero a pesar de registrarla, el contenido no me aclaraba mis dudas, lo único que parecía evidente es que se habían grabado muchas películas, más incluso de las que yo pensaba.

—¿Qué película te gustó más?

—Iros de aquí.

Puestos a pedir, decidimos formular varias preguntas divertidas con el fin de obtener alguna contestación que nos siguiera el juego. Opino que las voces del más allá tienen inteligencia, y eso implica que puedan tener sentimientos y emociones, por lo que entonces también podrían desprender buen o mal humor, dependiendo del momento o la situación concreta, igual que nos ocurre a los seres humanos. Por este motivo considero que formular preguntas divertidas no es sinónimo de falta de respeto hacia ellas, como algunos creen.

Aquella noche preguntamos cosas muy divertidas, pero no obtuvimos respuesta hasta que una voz nos dejó un mensaje que no esperábamos. No cabe duda de que la entidad se sintió molesta con nuestra presencia o, quizá con nuestras preguntas jocosas. Imagino que no la pillamos en un buen momento, porque lo habitual es que nos sigan el juego y contesten con sentido del humor en la mayoría de casos. ¿Creen ustedes que formular preguntas divertidas es faltar el respeto a estas inteligencias? Yo creo que no, como les acabo de explicar unas líneas más arriba.

En el capítulo hemos conocido algunos momentos relacionados con la ouija, y es que en esta planta hemos realizamos muchas sesiones, tantas que no sabría decir la cantidad aproximada; quizá cincuenta, sesenta, no lo sé. Si les parece bien paso a transcribir parte de una que me dejó huella por el contenido. De hecho, todas las que están conociendo en el libro han sido llamativas para mí, por eso las comparto con ustedes.

—Buenas noches, ¿quién está ahí?
—Satanás.

—¿Y no tienes otra cosa que hacer que manifestarte en este trozo de madera?
—Me tenéis miedo.

—¿Miedo dices? Sí, mira cómo temblamos, ¿nos ves?
—Soy el dueño del mundo y he venido a por vuestras almas.

—¿Nos quieres hacer daño?
—Si me entregáis vuestra alma no os haré daño.

—Pues ves sacando el cuchillo porque no pensamos entregarte nada.
—Os atendréis a las consecuencias.

—Tú no eres Satanás, así que déjate de rollos y di quién eres.
—Está bien, sólo quería divertirme un rato, no soy Satán.

—Eso ya lo sabemos, ¿por qué te haces pasar por alguien que no existe?
—Es un juego, la gente se asusta mucho y yo me río viéndolos.

—¿Sabes que hay personas que pueden llegar a pasarlo muy mal con estos juegos?
—Son idiotas por creer que existe el demonio.

—¿Y por qué no les ayudas a que dejen de creer en él en vez de asustarlos?
—No me comáis la cabeza, yo sólo me divierto, no tengo la culpa de que haya gente tan estúpida como para creer en el diablo.

—¿A ti no te han enseñado educación, verdad?
—Sois tontos, muy tontos.

—Si nos vuelves a insultar tendremos que mandarte a paseo y dar por concluida la sesión.
—Ahora el que se va soy yo, por listos os quedáis sin hablar conmigo.

La sesión estuvo marcada por la tensión, aunque en ningún momento tuvimos miedo, estamos acostumbrados a lidiar con situaciones de este tipo. Como dice la famosa frase: perro ladrador, poco mordedor.

Lo que sí os aconsejaría es que no practicarais la ouija, porque si os topáis con una entidad burlona como ésta y sois miedosos o sugestionables seguramente terminaríais pasando un rato desagradable o incluso arrastrando problemas psicológicos, como les ha ocurrido a muchas personas a lo largo de la historia.

Ahora nos desplazamos a la quinta planta; allí pude ver con mis propios ojos restos humanos, entre otras cosas que me causaron gran impacto.

La planta 5

Nos adentramos ahora en una planta que también conocemos bien y en la cual hemos investigado bastante. Recuerdo que durante mis primeras visitas nos encontramos una zona llena de cajas de cartón vacías, pero curiosamente estaban montadas, como si hubiesen sido utilizadas para guardar algo; encontramos pasillos y habitaciones plagadas de estas cajas. Fue curioso ver aquello, quizá pudo servir como set de algún rodaje, no lo sé.

Ahora vamos a conocer algunos momentos dignos de reseñar y que antes no he contado, al menos con tanta exactitud como lo voy a hacer ahora.

Restos humanos en estanterías

Había leído la noticia en el Diari de Terrassa sobre el hurto de un feto humano conservado en formol, del sótano del hospital, el cual fue hallado por la Policía horas después de que un joven se lo llevara, a un descampado de Matadepera. Al parecer, el feto estaba envuelto en periódicos y desprendía un fuerte olor a formol, lo que hizo que algunas personas se percataran de su presencia y llamaran a la Policía. Éste parece ser el motivo por el cual tapiaron el acceso al sótano; hablo desde la intuición, porque no poseo datos que me confirmen que sea así.

He explicado esto, porque nosotros encontramos supuestos restos humanos en la planta cinco. Yo diría que eran trozos de médula, pero no puedo afirmarlo con rotundidad. Lo que sí puedo asegurar es que habían cajas repletas de muestras de sangre a escasos dos metros de la estantería donde estaban estos restos. Fueron muchas las personas que se toparon con ello, siendo uno de los temas que se trataban en foros de Internet y, sobre todo, por los aledaños del recinto en la época más activa en cuanto a visitantes se refiere. Por tanto, puedo asegurar que el rumor que habla de restos humanos en la planta cinco es cierto, lo que no puedo afirmar es que fuesen médulas u otra cosa, pero algo muy similar a eso sí que eran.

Sentirse observado

Es habitual que las personas que han visitado el hospital compartan la idea de sentirse observadas, incluso vigiladas; relatan que la sensación que perciben es muy similar a la que notan en cualquier hospital activo, por lo que se sienten acompañadas y con una sensación extraña, como si el sanatorio estuviese en pleno funcionamiento y lleno de gente deambulando por los pasillos.

Les aseguro que no se trata de sugestión, por mucho que los más escépticos afirmen que sí.

Otro dato curioso es que muchos de los testigos con lo que pude hablar en su día me relataban que esta sensación de sentirse observados se intensificaba en la quinta planta. No sé si será casualidad, pero el dato hay que tenerlo en cuenta, ¿no creen?

Notar que te tocan

Casualidad o no, me he encontrado con el testimonio de varias personas que aseguran haber notado como algo o alguien invisible los hubiera tocado en esta planta. Yo tuve una experiencia de este tipo, pero me ocurrió en la novena planta; sentí como alguien me ponía la mano en el hombro, al girarme, pensando que sería alguno de mis compañeros, me di cuenta que detrás de mí no había nadie, todos estaban delante y se encontraban a una distancia de un par de metros, por lo que descarté que pudiese tratarse de alguno de ellos.

La quinta planta tiene algo especial que hace que la gente se sienta mucho más observada que en otras zonas, aunque como he dicho antes, la novena planta es muy similar en cuanto a sensaciones se refiere, creo incluso que todo el edificio se caracteriza por tener los mismos síntomas, aunque en unas zonas se manifiestan de forma más intensa o frecuente. La cuestión es que el hecho de notar que alguien invisible te toca es complicado de digerir si no estás acostumbrado a vivir experiencias con lo paranormal.

En el tema psicofónico se han obtenido registros de inmensa calidad, algunos con mensajes relacionados con los restos humanos y las sensaciones anteriormente mencionadas. Además, hemos formulado preguntas de todo tipo, teniendo suerte en multitud de ocasiones. No podemos quejarnos, nuestras amigas «las voces del más allá», se han mostrado receptivas en esta planta, como ha ocurrido en el resto de estancias, aunque claro, tenemos que tener en cuenta que han sido varios los años que hemos estado investigando.

—¿Lo de la estantería son restos humanos?

—Hay sangre.

Una noche se nos ocurrió plantear esta pregunta a las voces, llegando a conseguir que nos dejaran un mensaje aparentemente coherente. Pensamos que hacía referencia a las miles de muestras de sangre que había en las cajas, pero minutos después nos percatamos de algo sorprendente, y es que junto a aquello que a nosotros nos parecían restos humanos había un papel con una inscripción en la cual se veía un extraño símbolo con letras que parecía estar escrito con sangre. El hallazgo, junto con el registro psicofónico nos dejaron asombrados durante un buen rato. Fue una experiencia muy curiosa, pero que por cuestiones que ahora no vienen al caso preferimos omitir en su momento.

—¿Vosotros os sentís observados?

—Nos vigilan.

Teníamos claro que la mayoría de personas que visitaban la planta se sentían observadas, incluso vigiladas, pero personalmente tenía una duda. ¿Serán quienes se manifiestan a través de las graba-doras los que hacen que las personas se sientan así?, ¿o por lo contrario se trata de otro tipo de inteligencias? De ser así, ¿las voces psicofónicas se sentirían también observadas? El reto que me planteé era apasionante, ¿se imaginan que en ese otro lado también se sientan vigilados por otro tipo de entidades procedentes de quién sabe dónde?

La respuesta que obtuvimos fue tremenda, dando fiabilidad a aquella improvisada teoría que me había surgido en el transcurso de la investigación. Apasionante, sin duda.

—¿Quién toca a las personas que pasan por aquí?

—Felices vienen.

Aunque parecía evidente, una de las cuestiones que nos inquietaban era saber si realmente las presencias que se perciben en esa planta eran las causantes de que algunas personas notasen que alguien invisible les tocaba. La respuesta parece no tener coherencia a la pregunta previamente formulada, es como si hubiésemos registrado en nuestra grabadora un fragmento del pasado o, quién sabe si parte de una conversación entre voces del más allá. Lo que sí queda claro es que el equipo de grabación registró algo extraño que en condiciones normales y lógicas no debería haberse captado.

—¿Puedes apagar la grabadora?

—Sí puedo.

Han sido varias las ocasiones en que algo inexplicable ha conseguido manipular nuestra tecnología, alguna de ellas ha llegado a poner en funcionamiento las grabadoras, por eso teníamos una duda latente, ¿serían capaces de llegar a apagar? Ni cortos ni perezosos decidimos plantear esta cuestión en una de las sesiones de registro. El resultado fue una respuesta afirmativa, aunque en este caso la grabadora continuó trabajando sin interrupción alguna.

—Nos vamos, gracias por todo.

—Cuidado que marchan.

En ocasiones se registran voces en los últimos segundos de la grabación, parece que entran con el tiempo justo para dejar un último mensaje. Un de las tantas noches de investigación conseguimos registrar una voz que nos decía «cuidado que marchan», una vez que nos despedimos de ellas agradeciéndoles todas las manifestaciones que nos habían dejado esa jornada. Sin embargo, la respuesta que conseguimos captar es un tanto extraña, porque parece que una voz advierte a alguien de que tenga cuidado porque nos marchamos. La verdad es que este contenido puede dar paso a muchas hipótesis con respecto a la intención del mensaje. Es una de esas grabaciones que hace que tus teorías sobre el origen de las psicofonías comiencen a tambalearse. ¿Cuál es su interpretación de dicha grabación?, ¿quizá la voz se comunicaba con alguna entidad amiga para que ésta se ocultara de nosotros? La verdad es que yo no tengo respuesta, y lo más honesto ante una situación similar es decirlo.

No me canso de comentar que las sesiones de ouija que estamos conociendo en este libro son diferentes a las que seguramente habrán escuchado hablar la mayoría de ustedes en otros libros o medios de comunicación, y es que alimentar el morbo o la maldad en torno al tablero es lo que más vende y mejores audiencias aporta, pero dista mucho de la realidad, por lo menos de la realidad a la que yo, y la mayoría de personas que conozco, estamos acostumbrados.

La ouija en muchas ocasiones te aconseja, te deja información para que compartas en sociedad o, simplemente, como es el caso que nos ocupa a continuación, expone su visión de temas sociales, cotidianos o situaciones polémicas. Ya les adelanto que la transcripción que van a conocer a continuación no les dejará indiferentes, es bastante duro y difícil de digerir lo que nos explicó aquella noche la entidad que se comunicó mediante el tablero, hasta tal punto que he querido mantener en silencio la conversación hasta día de hoy.

—¿Cómo te llamas?
—Manuel

—¿Estás muerto?
—Sí, fallecí en el sanatorio de tuberculosis.

—¿Estás solo en ese otro lado?
—Sí, pero no quiero hablar de eso.

—¿De qué quieres hablar entonces?
—La gente se ha vuelto inhumana y eso no me gusta.

—¿Por qué dices eso?
—Se comenten muchos crímenes en el mundo por parte de gente poderosa y mucha personas desaparecen porque son secuestrados para hacer con ellos cosas horribles.

—¿A qué te refieres exactamente?
—Que en muchas ocasiones las cosas no son lo que parecen, y que los asesinos en realidad son cabezas de turco o personas que han recibido una cantidad de dinero muy grande por auto incriminarse.

—Yo no digo que no se pueda dar un caso así entre un millón, ¿pero no crees que exageras?

—No, otras veces cuando un caso crea una fuerte alarma social buscan también cabezas de turco, y lo peor es que se hace una campaña televisiva feroz, además de en otros medios de comunicación, con el objetivo de que la sociedad ya vea como culpable al acusado, incluso antes de que finalice el juicio.

—Si esto fuese cierto, cosa que no creo ni por asomo, todo sería una conspiración y los medios de comunicación estarían comprados.

—Los medios de comunicación son herramientas propagandísticas de los más poderosos.

—Me parece muy fuerte lo que comentas, y nosotros no estamos de acuerdo.

—No importa que estés de acuerdo con algo; no importa que creas o dejes de creer, si algo existe, existe, indiferentemente de que creamos en ello o no.

Lo cierto es que fue una sesión bastante dura en cuanto al contenido de la conversación; supongo que la entidad quiso de alguna forma mostrarnos su visión sobre temas un poco escabrosos, en los cuales prefiero no entrar puesto que considero que no tengo el conocimiento suficiente como para valorar con rigurosidad el asunto que nos fue planteado encima del tablero. Lo que sí puedo es analizarlo desde otro prisma: el paranormal.

Para darme cuenta de que las inteligencias que se comunican con nosotros y que parecen proceder de otra dimensión, también quieren exponer sus opiniones como si fuesen una persona más del grupo. Sobre esta cuestión llevo tiempo dándome cuenta, por lo que a veces me pregunto ¿qué diferencia existe entre ellos y nosotros aparte de estar en realidades distintas? Y es que su comportamiento y actitud se asemejan mucho a las nuestras.

Ahora seguimos ascendiendo por las entrañas del viejo edificio y nos instalamos durante varias páginas en la planta número seis.

La planta 6

En esta zona del sanatorio se han registrado psicofonías y fenómenos paranormales de todo tipo, al igual que en el resto de estancias del hospital, pero haciendo una comparativa con otras plantas del edificio la carga enigmática que se esconde en ella tampoco es tan contundente como otras zonas, sin embargo, podríamos rellenar varias páginas con anécdotas y situaciones inexplicables que se han producido aquí. Por eso, vamos a comenzar el capítulo conociendo algunas de estas situaciones que han llevado al extremo a determinadas personas.

Voces de niños

Han sido varios los testigos que han contado situaciones en las cuales comenzaron a escuchar voces lejanas y susurros que ellos identificaron como voces de niños, tanto femeninas como masculinas. Lo describían como si hubiese un grupo de niños hablando en voz baja, pero lo más sorprendente es que decían sentir su presencia y percibir que estos niños los seguían mientras caminaban por los pasillos o cuando se adentraban en las habitaciones.

Algo que también me sorprende es que varios testigos me explicaron que el fenómeno de las voces era más intenso en los momentos que caminaban, hacían ruido o hablaban; es como si los supuestos niños aprovecharan el sonido que producían los visitantes para mezclarse con ellos y pasar desapercibidos. La impresión generalizada es que un grupo de niños les seguían de forma discreta, intentado permanecer escondidos para no ser descubiertos. Pero lo extraño es que nadie vio nunca a ningún grupo de niños por allí, calificando el suceso como algo de índole desconocido o, incluso paranormal.

Golpes que responden a preguntas

Como si de una película se tratase, hay experiencias impactantes que han creado el terror en muchos visitantes que se han dejado ver por esta planta. ¿Qué me dirían si les dijese que algunos de ellos se han llegado a comunicar con algo invisible que respondía a sus preguntas mediante golpes? Como sucediera con las hermanas Fox, en el siglo XIX, han habido comunicaciones donde las entidades han interactuado con los experimentadores respondiendo con golpes. Uno era sí, y dos significaba no, o viceversa, dependiendo de cada investigador. La cuestión es que ha existido este tipo de comunicación inteligente entre ambas partes, lo que nos puede demostrar el calibre de las manifestaciones que acontecen en este edificio. Y como les he dicho al principio del capítulo, la planta seis no es precisamente una de las zonas más activas en cuanto a fenómenos, por lo tanto imagínense cuan-do nos adentremos en la planta nueve; vamos a conocer sucesos mucho más escalofriantes.

Reflejos de luces

Algunas de las escenas que se han manifestado en esta planta tienen que ver con el reflejo de luces. Esto me llama la atención porque tenemos precedentes en otras zonas del hospital, como por ejemplo el cine, donde hay personas que han sido testigos de esferas luminosas que flotaban por el ambiente; según algunos sensitivos estas luminosidades son energías de personas que fallecieron en el Tórax o que han perecido en otro lugar, pero indiferentemente de donde hayan muerto se encuentran actualmente en el sanatorio.

Las luces que se ven en la planta seis, según algunos testigos, son diferentes a estas esferas que parecen manifestarse en el viejo cine, sobre todo porque aquí parecen destellos, como si un foco de luz rebotara en un espejo y provocara un reflejo. Lo extraño es que describen este efecto con tonalidades de diferentes colores. La verdad es que nos enfrentamos a un tipo de manifestación poco común que, sólo se asemeja con una experiencia vivida en la colonia de Monistrol de Calders que presenciamos recientemente donde observamos dos reflejos de luces. Javi vio una luz azul y yo una amarilla segundos después. Esto ocurrió a plena luz del día y durante una de las rutas de misterio que organizamos a través de las redes sociales.

¿Qué es lo que se manifiesta en esta planta seis a modo de reflejos lumínicos? Pues sinceramente, no tengo ni la más remota idea.

Puertas que se abren solas

Cuando nos enfrentamos a fenómenos como presenciar puertas que se abren y se cierran solas rápidamente nos viene a la cabeza la posibilidad de que esto sea producido por el viento. ¿Pero qué ocurre cuando sucede en un lugar donde no entra ni una leve brisa de aire? En varias ocasiones me he topado en el hospital con situaciones similares a ésta, además no he sido la única persona, han habido muchos testigos que relatan lo mismo que yo. Es cierto que hay días en los cuales el viento es el culpable de este tipo de situaciones, pero en otras ocasiones no corre ni una leve brisa y sin embargo, las manifestaciones son mucho más intensas y rotundas. ¿A qué puede deberse esta situación? Tengo claro, al menos a título personal, que detrás de este fenómeno de movimiento de puertas hay algo más que el viento; en ocasiones la causa paranormal está detrás de dichas manifestaciones. Sé que a priori cuesta creer lo que afirmo, y es fácil pensar que siempre la causa que origina el abrir y cerrar de puertas es el viento, pero si hablan con alguna persona que haya experimentado algo similar, verán como su convencimiento es tan grande como el mío en este aspecto, y es que solamente aquellos que hemos vivido situaciones parecidas sabemos realmente que detrás de ellas hay una causa de origen desconocido que es quien provoca las manifestaciones. En muchos casos el abrir y cerrar de puertas se ha producido a petición de los experimentadores, lo que demuestra un poco más, que hay algo inteligente que produce la fenomenología. Yo, no creo en la casualidad, sobre todo cuando ésta es llevada al extremo.

Sonido de camillas

Según algunos expertos, en lugares donde se ha producido una serie de acontecimientos constantes, cuando el lugar cae en el abandono estos pueden volver a reproducirse. A este fenómeno de impregnación se le llama espectrogénesis cuando es de efecto visual y mimofonía cuando es auditivo, aun-que este segundo término abarca mucho más que una simple impregnación del pasado, utilizándose para cualquier manifestación sonora que se produzca en directo y que tenga su origen supuestamente en el más allá.

En esta planta número seis se han producido sonidos similares al paso de camillas, como si todavía a día de hoy, los celadores arrastrasen las camillas con enfermos por esos largos pasillos. Todos los testigos con los que pude hablar en su día me relataban la experiencia convencidos de que se trataba del sonido de una camilla típica de hospital. Personalmente no he llegado a escucharlo nunca, pero estoy convencido de que si llegara a hacerlo me causaría un fuerte impacto, porque sólo de pensarlo se me ponen los pelos de punta.

Ahora conozcamos algunas psicofonías registradas en esta planta. Por cierto, ¿sabían que Thomas Alva Edison trabajó en la creación de un aparato para comunicarse con los muertos? Muchos hombres de ciencias investigaron en el siglo XIX el tema paranormal y, concretamente, el fenómeno de las psicofonías.

—¿Construyó Thomas Alva Edison un aparato para grabar psicofonías?

—Varios, varios.

En muchos momentos y lugares del hospital planteamos preguntas con respecto a cuestiones que nos inquietan sobre las voces, desde su pasado y origen, hasta cómo mejorar la comunicación con ellas. Fueron numerosas las respuestas obtenidas en estos años, aunque únicamente en una ocasión obtuvimos contestación ante la pregunta de si el científico Edison había fabricado algún aparato para comunicarse con los difuntos. La respuesta deja claro que sí, o al menos eso afirmó aquella voz femenina que registró una de nuestras grabadoras.

Ante esta cuestión me planteo una duda, ¿por qué antes interesaba a la ciencia el fenómeno psicofónico y a día de hoy ha dejado de hacerlo? Tras reflexionar y analizar cómo ha evolucionado la sociedad, tengo claro que el motivo por el cual no interesa en la actualidad es porque no genera dinero. En un mundo de capitalismo, donde lo material y el consumo es la religión más fuerte, no interesa perder tiempo ni dinero en investigar cuestiones que no generen riqueza. Los poderosos prefieren invertir en otras cuestiones que los hagan más ricos o más poderosos. Se gasta más dinero y tiempo en investigar nuevos virus o fórmulas para matar personas que averiguar que hay tras la muerte. La sociedad me da asco, mucho asco.

—¿En qué año se registró la primera psicofonía?

—No habías nacido.

La primera voz psicofónica que se registró en la historia no es la famosa inclusión de Federich Jürgenson como afirman algunos libros y reportajes. Mucho antes que Jürgenson, hubo un antropólogo llamado Vorgas que registró voces paranormales en Siberia mientras grababa con un rudimentario aparato los cánticos chamánicos de una tribu; ritual que utilizaban como invocación a los muertos. Esto ocurrió en el año 1.901 y, casualmente, con un aparato inventado por Thomas Alva Edison.

La voz que registramos aquella noche en el hospital del Tórax nos dijo que la primera psicofonía que se registró en la historia se produjo cuando no habíamos nacido. Aquello parecía más que evidente, sin embargo, no sabemos si la voz conocía la historia de este antropólogo o, simplemente jugó al azar dentro del marco de las probabilidades, dándonos aquella respuesta a boleo. ¿Qué opinan ustedes?

—¿Cómo podéis comunicaros mejor?

—Falta energía.

Una de las grandes cuestiones que parecen quedar pendientes para quienes nos dedicamos a experimentar con este fenómeno, es saber cómo podemos mejorar la comunicación con estas inteligencias; seguramente tiene que haber algo que podamos hacer para que fluya con más consistencia este contacto, por eso a lo largo de la historia muchas personas han intentado obtener mensajes del más allá que aporten información al respecto. La verdad es que no suele ser sencillo registrar voces que te guíen en esta labor, pero una noche conseguimos captar un mensaje que nos decía que les faltaba energía. Esto parece obvio, puesto que todo se mueve por energía, pero, ¿qué tipo de energía necesitan?, y lo que es más importante, ¿cómo podemos aportarla para que se alimenten de ella?

Nos movemos en un terreno escurridizo, creo que hasta que no dejemos este mundo no sabremos más sobre este asunto, incluso entonces, seguiremos siendo muy ignorantes.

—¿Sois muertos o vivos?

—La muerte no existe.

Había experimentado un par de sesiones de ouija recientemente en las cuales se comunicaron con nosotros entidades que aseguraban no ser personas fallecidas; su procedencia, según explicaron era de otra dimensión, afirmando que nunca habían sido, ni serían terrenales. Incluso, nos dijeron que la muerte no existe, que simplemente es un proceso de cambio que hay para pasar de un lugar a otro; es como cambiar de clase en el colegio.

Quisimos preguntar a las voces por esta cuestión para saber si ellos estaban muertos o vivos. La respuesta nos deja claro que según estas inteligencias, al igual que nos dijeron mediante ouija, la muerte no existe. ¿Quizá es el nombre que nosotros le damos al cambio de vida? Podría ser, aunque debemos tomarlo con cautela puesto que no tenemos pruebas definitivas para afirmarlo con rotundidad.

—¿Grabamos con el método transradio?

—No hace falta.

El método de transradio consiste en buscar una frecuencia de ruido blanco entre dos diales de radio, para que ese ruido que genera el aparato sea utilizado por las voces paranormales y poder modularlo. De esta forma convierten el ruido en mensajes, aprovechando el sonido y la energía generada por el aparato. Muchos investigadores lo utilizan porque dicen que los resultados son sorprendentes, pero que quieren que les diga, me parece un sistema poco fiable porque podrían colarse frecuencias de radio con mucha facilidad, lo que llegaría a confundirnos con total seguridad. De todas formas quisimos preguntarle a las voces sobre si utilizar este sistema sería bueno o no. Como ya imaginaba, la respuesta nos dejó claro que no es necesario hacerlo, y es que lo que se manifiesta no es de este mundo, habiendo demostrado ya en muchas ocasiones que no necesita demasiada tecnología para dejar latente su presencia.

Ahora vamos a conocer la transcripción de una de las tantas sesiones de ouija realizadas en esta planta. ¿Se imaginan que se comunica mediante el tablero una persona que asegura ser un suicida? Aquella noche salimos realmente impactados tras aquella conversación.

—¿Hay alguien ahí?
—Hola, soy Pepe.

—¿Estás muerto?
—Sí, fallecí hace unos años.

—¿Moriste por la tuberculosis?
—Estaba enfermo, pero la causa de mi muerte fue el suicidio.

—¿Fuiste una de las personas que se suicidó aquí?
—No, yo no estuve en este sanatorio, morí en otro hospital.

—¿Y qué haces aquí?

—No lo sé, me gusta este lugar y me hace sentir cómodo, por eso estoy aquí. Hay algo que me atrae a este sitio.

—¿Estás solo o hay más suicidas contigo?

—Somos muchos, algunos murieron aquí y otros lo hicieron en otros lugares, pero este sitio tiene algo especial que nos atrae y nos hace sentir bien.

—¿Todas las entidades que hay en el hospital son de personas fallecidas?

—No lo sé, también hay gente muy rara por aquí, creo que no son como nosotros, es como si nos controlaran, pero lo hacen sin estar encima nuestro ni molestarnos, es muy extraño todo.

—¿No podéis hablar con ellos para preguntarles?

—Nunca responden cuando les hablamos, es como si no nos escucharan o no quisieran hacerlo, pero luego, como te digo, parece que nos controlen.

—¿Y dices que os sentís bien a pesar de estar rodeados de esa gente que os observa?

—Sí, estupendamente, por eso seguimos tantos aquí.

—¿Cuántos sois?

—Cientos.

—¿El día que tiren el edificio seguiréis aquí?

—El edificio no importa, lo que realmente tiene sentido para nosotros es el lugar, y en esta zona donde estamos hay algo especial que hace que estemos bien, por eso aunque derrumben el sanatorio seguiremos aquí.

—Dicen los expertos que al morir hay que dejar este mundo.

—Es verdad, pero hay que hacerlo cuando llega el momento, antes debemos cerrar cuentas pen-dientes.

—¿A ti te quedan cuentas pendientes?

—Claro, por eso no me he marchado.

—¿Podemos ayudarte a zanjarlas?

—No, eso es cosa mía, pero muchas gracias de todas formas. Ahora me marcho.

La conversación fue apasionante y muy constructiva, sin duda valió la pena el esfuerzo que tuvimos que realizar aquella noche para investigar en el sanatorio, recuerdo que apenas había dormido porque tuve que trabajar en el turno de noche el día anterior, pero como digo, el sacrificio mereció la pena.

Ahora, si les parece bien nos desplazamos un piso más arriba para conocer los misterios de la planta número siete; en breve nos adentraremos en la que más os va a gustar: la novena planta. Pero seamos pacientes y conozcamos antes la siete y la ocho, que también tienen miga y son escenarios tremendos en cuanto a misterios y a fenómenos se refieren.

La planta 7

Nos adentramos en una de las zonas donde se grabó el documental con José Moral y su productora Visual-Beast. Hasta este escenario llegamos guiados por la ouija; nos dijo que registraríamos varias psicofonías y así fue. Esta experiencia la contaremos después, en la parte final de este capítulo, además de otras situaciones dignas de reseñar. Pero antes, como ya es costumbre en el libro, conoceremos algunas psicofonías registradas en esta zona y parte de una transcripción de ouija muy interesante.

En esta planta formulamos preguntas a nivel psicofónico de todo tipo, no nos centramos en un tema concreto como hicimos en otras zonas del edificio, por lo cual las respuestas obtenidas fueron de lo más variado.

—¿Conocéis al Oso?

—Qué oso.

En una sesión de ouija nos hablaron una vez de un enfermero al que apodaban «el Oso» debido a su corpulencia. Decía la entidad que era malo con los enfermos y que su trato hacia los pacientes era un poco violento. Me impactó tanto lo que me explicó la ouija sobre este supuesto enfermero, el cual creo que no es real, pero tampoco lo sé, que decidí incluirlo como personaje en mi novela «Suicidios en el hospital del Tórax – Editorial Círculo Rojo». Siendo el libro uno de los preferidos de mis lectores, y mucha culpa del tremendo éxito lo tiene en parte este personaje.

Una noche formulé la pregunta de si las entidades que estaban presentes conocían a este supuesto enfermero. La respuesta fue negativa: «qué oso». Seguramente, esta persona nunca existió y fue una fabulación inventada por la propia ouija durante aquella sesión, aunque hubo compañeros que plantearon otra posibilidad, como por ejemplo, que el enfermero existiera realmente pero que la entidad que nos contestó en la psicofonía no lo conociera por el motivo que fuese. ¿Qué hipótesis barajan ustedes como la más probable?

—¿Cuál es el origen de los fenómenos paranormales?

—Nosotros.

Una de las preguntas más formuladas ha sido ésta, no solamente en el Tórax, sino también en el resto de lugares que he investigado, por eso, es normal que alguna respuesta haya llegado a obtener, como nos ocurrió una tarde en una de las habitaciones de la planta siete. Por norma general las contestaciones suelen ser esquivas cuando planteas cuestiones tan directas y relacionadas con el más allá, aunque en momentos determinados parece que la suerte se vuelve de tu lado y obtienes un registro que hace que se te ilumine la mirada al escucharlo. Uno de esos momentos fue cuando oímos cómo una voz nos decía a través de la grabadora que el origen de lo paranormal eran ellos. Esta psicofonía podría venir a tirar por tierra mi teoría de que los fenómenos paranormales y las inclusiones psicofónicas son fenómenos independientes. Aunque por otro lado, la voz también puede mentir, lo que me vuelve a dejar entre dos aguas. ¿Creen que algún día obtendré la prueba definitiva que me demuestre realmente cuál es el origen de estos fenómenos?

—¿Has sido tú el del golpe?

—Encontradme.

Una noche más, los golpes empezaron a presentarse ante nosotros, y nuevamente el viento carecía de protagonismo, además eran golpes y ruidos que se manifestaban a petición nuestra, por lo que detectamos que detrás de ellos había algo inteligente que los provocaba, por eso quisimos parar unos minutos y proceder a registrar unos fragmentos de audio con el fin de recoger alguna voz psicofónica que nos dejara claro si eran ellos quienes daban esos golpes. La respuesta no tardó en llegar y el mensaje apareció en la grabadora: «encontradme». Según intuimos al escucharlo, la inteligencia que se estaba manifestando con aquellos golpes quería jugar con nosotros. Imagino que se preguntarán qué hicimos en ese momento; nos unimos al juego y continuamos interactuando con la causa paranormal, total, nosotros buscamos siempre presenciar manifestaciones de este tipo, indiferentemente de si juegan con nosotros o no. Lo importante es presenciar los fenómenos, además, ¡qué demonios! Ellos también tienen derecho a divertirse ¿no?

—¿Sufrían mucho los enfermos terminales?

—Yo sufrí.

Formulamos muchas preguntas orientadas hacia el pasado del hospital, porque no solamente nos interesa lo paranormal, también hay muchos secretos ocultos en la historia de este edificio, y en definitiva esto no deja de ser misterio, aunque sí de ser un tema paranormal.

Los rumores populares apuntan a que algunos enfermos sufrieron mucho en el sanatorio, sobre todo los terminales. De ser cierto, seguramente sería por la enfermedad en sí y los condicionantes a los que fuesen sometidos por la tuberculosis, pero aparte de esto, existen habladurías que van más allá y apuntan a otras cuestiones como ya sabemos, por eso quisimos plantear numerosas preguntas relacionadas con este asunto, de las cuales, como estamos viendo en el libro, varias fueron contestadas. En esta ocasión concreta parece que quien responde es un antiguo paciente del hospital, al menos esa sensación podemos tener al analizar la pregunta y la respuesta. ¿Comparten mi opinión al respecto?

—¿Al morir vamos al cielo?

—Es mentira.

Estamos acostumbrados a escuchar desde pequeños, al menos los de mi quinta, que al morir vamos al cielo; eso nos contaban en las clases de religión de la escuela. Personalmente, no creo que tras la muerte llegue ese cielo del que habla la Iglesia Católica u otras religiones populares. Creo que vi-vimos una evolución constante y que tras la muerte pasamos por varias fases antes de volver a encarnar físicamente; proceso que se repite una y otra vez hasta que alcanzamos lo que en budismo se denomina «Nirvana». Esto sí sería el cielo del que hablan la mayoría de religiones, al menos es similar, pero antes de alcanzarlo tenemos que aprender mucho. Cuando lleguemos a ser tan nobles y honestos como Mahatma Gandhi, por ejemplo, podremos pensar que ya sólo nos quedan algunas decenas de renacimientos más para llegar hasta el Nirvana. Así que imagínense lo lejos que estamos ahora, al menos lo lejos que estoy yo, no sé ustedes.

La pregunta que formulamos con respecto a esta cuestión fue contestada de forma contundente, negando que tras la muerte nuestro espíritu fuese al cielo.

—¿Por qué algunas personas dicen que miento?

—Envidias son.

En la parte final del libro conocerán algunas cuestiones que, ya les adelanto, no les van a dejar indiferente, y que tienen relación con la extrema maldad que puede llegar a tener el ser humano, en muchos casos es una maldad gratuita, con el único fin de hacer daño por diversión o por cuestiones sorprendentes que, como digo, les van a crear un impacto fuerte al conocerlas.

Muchas personas dentro del misterio, sobre todo individuos que se dedican a lo mismo que yo, han intentado colgarme la etiqueta de mentiroso o farsante, casualmente, como digo, ellos se dedican a lo mismo que yo, por lo que no me cuadraba demasiado que me tacharan de mentir cuando ellos afirmaban que registraban fenómenos similares a los míos. A día de hoy lo entiendo perfectamente y en próximos capítulos ahondaremos en esta cuestión. Cuando planteé esta pregunta mediante las psicofonías tenía dudas sobre el comportamiento de estos personajes, así que formulé dicha incógnita, la cual fue contestada, dejando claro el motivo por el cual decían que yo mentía: «envidias son».

—¿Existe algún motivo por el cuál estés aquí?

—Pagar el daño.

En ocasiones podemos toparnos con grabaciones asombrosas y que ponen los pelos de punta, sobre todo si el contenido que se registra es compatible con nuestras creencias o con alguna de las teorías más barajadas por nosotros, pero, si además, la voz que has grabado es infantil y en el mensaje dice que está aquí pagando por el daño que supuestamente hizo, es brutal y estremece hasta tal punto que no sabes cómo reaccionar. Esto fue lo que me ocurrió al escuchar la grabación que registramos una noche en uno de los largos pasillos de la planta siete. A día de hoy, aún me acongoja recordar la situación, fue muy impactante, porque piensas, ¿qué daño puede haber hecho un niño para quedarse atrapado entre el mundo de los muertos y los vivos? Por otro lado, es posible que detrás de la voz hubiera alguna entidad burlona que imitara la voz infantil para reírse de nosotros o confundirnos. Como siempre, la duda queda en el aire, pero de lo que sí puedo dar fe, es de que aquella noche no dormí tranquilo tras registrar esta inclusión.

A nivel ouija, las experiencias han sido realmente interesantes, igual que en la mayoría de rincones del hospital donde hemos llevado a la práctica este sistema de contacto, por lo que se me hace complicado seleccionar una sola sesión de las realizadas en cada planta para transcribir parte de ella. Espero estar acertando con mi decisión a la hora de exponer la conversación. De todos modos, intento que el contenido de los mensajes vaya variando de un capítulo a otro, para que las transcripciones sean a gusto de todos, y es que han sido tantas las sesiones realizadas que hay mensajes de todos los gustos y colores.

Vamos a adentrarnos ya en una nueva sesión de ouija.

—¿Alguien nos escucha?
—Hola.

—¿Quién eres y cómo te llamas?
—Carmen es mi nombre.

—¿Estás muerta?
—Sí, morí aquí de tuberculosis.

—¿Qué te sigue uniendo a este lugar?
—Hay unos documentos escondidos que tienen que salir a la luz.

—¿Dónde están esos papeles?
—En esta misma planta; tenéis que encontrarlos.

—¿Qué contiene esos documentos?
—Nombres, fechas, datos e información de antiguos experimentos ilegales que realizaron con enfermos.

—¿Entonces es cierto que experimentaban con personas?

—Sí, con muchas personas, pero no lo hacían los médicos oficiales del sanatorio, los que experimentaban con la gente eran médicos que trabajaban a la sombra para gente muy poderosa.

—¿Para el gobierno?

—No, esa gente estaba por encima del gobierno.

—¿Y si encontramos los documentos qué podremos hacer con ellos?

—Destapar la verdad sobre algunas atrocidades que se han cometido en este recinto.

—¿Dónde están escondidos esos documentos?

—No lo sé con exactitud, una mujer los escondió en esta planta pero no me dijo el lugar concreto.

—¿Entonces cómo vamos a encontrarlos?

—Buscando, porque tienen que estar en alguna parte.

—¿Tú crees que buscando a ciegas los encontraremos?

—Es posible, si no lo intentáis nunca lo sabréis, además es muy importante que salgan a la luz pública para que se sepan algunas cosas que han intentado tapar durante décadas.

—¿No nos estarás tomando el pelo, no?

—Es verdad, ella me lo dijo.

—¿Quién es ella?
—La enfermera buena. Así la llamábamos los enfermos.

—¿Hablas de Petra?
—No sé su nombre, la conocíamos como la enfermera buena.

—¿Os dirigíais a ella como enfermera buena?
—Sí.

—No sabemos dónde mirar para buscar los documentos, además, seguramente si existen esos pape-les ya los habrá encontrado alguien.
—No los ha encontrado nadie, los documentos siguen aquí, puedo presentirlo.

—Yo creo que nos estás mintiendo, ¿nos puedes decir de verdad quién eres?
—Soy Carmen, ya os lo he dicho antes.

—Bueno, vamos a buscar esos documentos, espero que no nos estés mintiendo.
—Nunca miento.

Buscamos aquellos documentos por todas partes, pero no hallamos nada, solamente algunos informes médicos de antiguos pacientes, pero sin importancia alguna. Esta documentación estaba tirada en el suelo de algunas estancias, como la que habíamos encontrado en otras zonas del hospital. Cuando reactivamos la sesión de ouija la entidad nos dijo que esa no era la documentación que debíamos encontrar, pero nunca llegamos a hallar nada aparte de estos papeles.

Siendo sincero con todos ustedes, creo que la inteligencia que se comunicó con nosotros quiso reírse un rato a nuestra costa, seguramente no existen esos documentos, ni nunca existieron. Cada día soy más reacio a pensar que en el sanatorio se realizaran experimentos ilegales con enfermos, aunque tampoco tengo pruebas a favor ni en contra, por lo que dejo una puerta abierta a cualquier hipótesis que surja o prueba que avale cualquier teoría.

Ahora vamos a conocer algunas de las experiencias más significativas que se han producido en la planta, de las cuales muchas personas han sido testigos en diferentes ocasiones. Como suele ocurrir siempre, el misterio no escatima a la hora de seleccionar a sus "víctimas".

La ouija nos hace de guía

La experiencia estaba siendo positiva con la productora Visual-Beast, se habían registrado psicofonías y fenómenos muy interesantes, por lo que optamos por utilizar la ouija en la planta número tres con el fin de registrar voces paranormales y acrecentar la fenomenología que se estaba manifestando. En la sesión se comunicó con nosotros una entidad que nos dijo que estaba ubicada en varias plantas, entre ellas en la número siete; si subíamos nos dejaría varias inclusiones psicofónicas en nuestras grabadoras, así que decidimos subir para ver si realmente sucedería lo que nos había dicho mediante el tablero. Nos colocamos en uno de los pasillos y, sobre una vieja mesa depositamos nuestras grabadoras. Instantes después, comenzamos a formular preguntas en voz alta, hasta que minutos más tarde, cuando comprobamos las grabaciones nos dimos cuenta de que efectivamente, varias voces de origen paranormal se habían colado en los aparatos, reafirmando así el mensaje recibido en el tablero minutos antes.

En la mayoría de ocasiones la ouija intenta marearte de un lado para otro, sin que los resultados de la investigación mejoren; de hecho, en muchas jornadas de trabajo nos ha ocurrido esto; hemos ido de planta en planta guiados por el tablero sin obtener resultados positivos, sin embargo, aquella noche durante la grabación del documental ocurrió todo lo contrario, llegándonos a encontrar con la sorprendente sorpresa de registrar voces psicofónicas en la planta que la inteligencia nos había dicho. Fue interesante, curioso y divertido.

Apariciones

Conocí a Juan Carlos una noche como otra cualquiera de las tantas que pasé en la zona exterior del recinto entrevistando gente y buscando testigos.

La experiencia que me contó es realmente apasionante, porque fue testigo, junto a sus compañeros de varias apariciones en la planta número siete. Según me explicó, pudo ver una figura oscura que tenía contorno humano, incluso tuvo la sensación de que era una enfermera. La aparición duró escasamente un segundo, fue muy rápida, por lo que no quiso advertir a sus compañeros de lo sucedido para evitar la sugestión del grupo, además no llegaba a creerse lo que había presenciado, pensando que quizá se trató de una mala interpretación suya generada por el lugar en el que se encontraba. Lo sorprendente es que minutos después, un compañero de Juan Carlos pudo observar la misma figura, interpretando también que era una monja. En ese momento su compañero compartió la experiencia con el grupo y les explicó lo que había visto, fue entonces cuando Juan Carlos comentó la suya. La situación fue a más aquella noche según me relataron los testigos, y antes de abandonar la planta el resto de compañeros que no habían presenciado la aparición fueron testigos del fenómeno, incluso me explicaron que pudieron verle el rostro a la figura y que éste era femenino.

La experiencia pone los pelos de punta, y además es muy interesante porque en pocas ocasiones todos los presentes llegan a ser testigos de una aparición, por norma general solamente alguno del grupo suele ser el afortunado que presencia la manifestación. En este caso, triunfaron, como se suele decir coloquialmente.

Voces que te llaman

Uno de los fenómenos que al parecer se repite más en esta planta, y siempre según los testigos con los que he podido hablar en alguna ocasión, son escuchar voces que te llaman por tu nombre. Este tipo de manifestaciones se suelen producir en ocasiones en nuestra propia vivienda; me he topado con muchas personas que aseguran que en momentos puntuales han escuchado que los llamaban por su nombre al llegar a casa, pero luego se han dado cuenta que no había nadie en la vivienda. Tengo que decir, que a mí también me ha ocurrido en varias ocasiones, sobre todo hace unos años. Por eso, no es nuevo para mí encontrarme con testimonios similares, lo que sí me sorprendió fue que durante una etapa de las que investigué el hospital, recopilara varios testimonios similares sobre fenómenos de este tipo ocurridos en un mismo lugar y, sobre todo, en una misma zona de ese lugar: la planta siete del hospital del Tórax.

Seguramente, aquellas personas que no hayan sido testigos de algo similar pueden pensar que estamos locos o que tenemos problemas psicológicos, pero les aseguro que este tipo de manifestaciones suelen ser muy habituales, más de lo que algunos se pueden llegar a imaginar, lo que ocurre es que no todo el mundo lo cuenta debido al reparo que tienen a que los traten de locos o mentirosos.

Pasos y ruidos

También los sonidos de pasos y ruidos extraños parecen ser una constante en esta planta, al igual que ocurre en casi todos los rincones del viejo edificio. Las personas que hablan sobre este tipo de sucesos son muchas, solamente tenemos que proponer una encuesta en las redes sociales para darnos cuenta de ello, de todas formas, la fiabilidad más absoluta sobre esta cuestión es la que he experimentado yo mismo, y aquellos testigos que he conocido en mis años de investigación. Les puedo asegurar que hay personas de todo tipo y condición. Algunos piensan que esto se debe a la sugestión o que los sonidos son producidos por el edificio que es viejo, pero quienes hemos experimentado el fenómeno sabemos que no es así. Hay testigos que hablan incluso de sonido de pasos con zapatos de tacón. Por ejemplo, mi compañero José Ramírez escuchó varios pasos en la planta nueve, y días después nos ocurrió lo mismo, siendo yo también testigo de ello, en la planta número siete. Ni la sugestión, ni tampoco el viejo edificio, ni sus vigas, fueron los causantes de estos sonidos, es imposible.

La planta siete esconde tras de sí muchos misterios... ¿Nos adentramos en la penúltima planta del edificio? Ya les adelanto que a partir de ahora comienza lo bueno. El próximo capítulo es la ante sala a la mítica planta nueve; lugar impactante donde los haya, y el más espectacular de todo el recinto del hospital del Tórax, podríamos dedicar un único libro a esta zona del edificio, donde he sido testigo, junto a muchos compañeros, de situaciones dignas de cualquier película de ciencia ficción.

La planta 8

En la planta número ocho hay una habitación quemada y en el techo un círculo con ángeles y fotografías de niños tamaño carnet. Cuenta la leyenda que esas imágenes son de niños que perecieron en el hospital, pero la realidad es muy distinta, aunque algunos programas por vender morbo hayan intentado silenciar la verdad. Ese escenario forma parte de los resto de un rodaje, concretamente de la película española «Los sin nombre».

Grabamos un programa con Callejeros, de Cuatro, en el cual hablé sobre estas imágenes, diciendo que parecían un poco satánicas y que la gente comentaba que las fotos eran de niños que murieron en el hospital, pero que en realidad no era cierto, siendo parte de un escenario de película, sin embargo, cuando editaron el programa omitieron la parte final de mi explicación, por lo que intuyo, quisieron alimentar la leyenda y el morbo. No me gustó que manipularan así mi explicación, por eso he comentado posteriormente en diferentes medios la realidad sobre la imagen y la habitación quemada, ya que mi objetivo no es vender morbo, si no realidad, aunque algunos puedan pensar todo lo contrario.

Ahora vamos a conocer algunas de las psicofonías que hemos registrado en la octava planta del sanatorio.

—¿Qué era esta habitación quemada?

—Un sanatorio.

Se había especulado mucho con aquella habitación, pero sobre todo se había mentido de forma brutal, por eso quisimos preguntar a las voces sobre la estancia. La respuesta fue un tanto rara; se nos quedó cara de tontos al escuchar el mensaje. Ya sabemos que esto es un sanatorio, pensamos en aquel momento. Seguramente la inteligencia que se manifestó no tenía ni idea del uso que tuvo aquella estancia en el pasado y por eso nos dijo algo que era evidente.

En ocasiones, estas voces denotan comportamientos ególatras y prepotentes, es como si quisieran demostrarnos que lo saben todo y que son superiores a nosotros en todos los aspectos, sobre todo en el intelectual. No cabe duda, al menos para mí, de que en ese otro lado son tan imperfectos como nosotros e intentan presumir de una sabiduría y perfección de la cual, muchos de ellos carecen. Por cuestiones así, puedo llegar a pensar, como ya he comentado en varias ocasiones en el libro, que no existe mucha diferencia entre ellos y nosotros.

—¿Desde aquí se suicidaba gente?

—Por desgracia.

Algo que es innegable son los suicidios que se produjeron en el sanatorio, ya que consta en archivos y hemerotecas, estando la mayoría de ellos constatados. Lo que no queda claro del todo es desde qué lugares se lanzaban al vacío; supongo que de diferentes puntos de las plantas superiores, aunque como ya saben, discrepo de que lo hicieran de la planta nueve por el motivo que comenté en mis libros anteriores.

Aquella noche quisimos saber la opinión de las psicofonías y les preguntamos si de la habitación donde nos encontrábamos realizando la investigación se había suicidado alguien. La respuesta dejó claro que sí, a la vez que la voz captada se lamentaba por los suicidios. Esto demuestra, una vez más que, las inteligencias que se comunican con nosotros tienen sentimientos y emociones.

—¿Sucedieron fenómenos extraños durante el rodaje de la película Los sin nombre?

—Ellos lo saben.

Nos habían llegado rumores de que durante la grabación de la película «Los sin nombre», se habían producido fenómenos extraños, pero la fuente que nos facilitó la información fue un antiguo vigilante que acudía al hospital para hacer alguna suplencia o servir de apoyo en días especiales, del cual hablaremos en próximos capítulos, porque al parecer, y según nuestra opinión, es un mentiroso compulsivo, por eso no creíamos demasiado en su versión de los hechos y decidimos preguntar en una sesión de grabación para conocer la opinión de las voces. Sin embargo, por el mensaje captado creo que la inteligencia en cuestión desconocía la respuesta, ya que nos dice que ellos lo saben, haciendo referencia, imagino, al equipo de rodaje.

Creo que ya lo he repetido en alguna ocasión en páginas anteriores, pero me gustaría recalcar que las voces psicofónicas no lo saben todo, aunque nosotros creamos que sí.

—¿Aquí se desorienta la gente?

—Sí.

En este capítulo conoceremos varios fenómenos que suelen darse con frecuencia en las plantas, como están pudiendo leer en cada capítulo. Una de estas extrañezas tiene que ver con la desorientación; hay personas que aseguran que se han sentido desorientadas en la planta ocho, llegando a estar unos segundos o, incluso minutos sin saber encontrar la salida. Es curioso porque yo viví una situación similar en una zona del hospital donde había un decorado con rejas de una cárcel, las cuales, por cierto, eran de corcho. Aquella jornada lo pasé francamente mal, era de las primeras veces que visitaba el lugar y llegué a pasar incluso miedo porque no conseguía hallar la salida.

Quisimos preguntar en una de las rondas de preguntas si en el lugar donde nos encontrábamos la gente se desorientaba. La contestación fue una afirmación rotunda. Lo que no sé a qué es debido este fenómeno. ¿Tendrán algo que ver las voces psicofónicas?, ¿o quizá se deba a otro tipo de inteligencias del más allá? Tampoco podemos descartar la posibilidad de que se trate de algo más terrenal, quién sabe.

—¿Qué diferencia hay entra la planta ocho y la nueve?

—Ascensor, escaleras.

El interior del edificio es prácticamente igual a excepción de la planta baja y la novena, el resto de ellas son muy similares en cuanto a estructura y distribución. Pero si la diferencia se acentúa más es cuando comparamos la novena planta con el resto. Una de las principales diferencias es que su extensión es mucho menor, al menos en cuanto a zonas visitables, no sé si tapiaron algunos accesos o no. Otra característica importante es que hasta la planta ocho llegan cinco escaleras distintas y los ascensores, sin embargo, a la planta nueve únicamente se puede acceder por una escalera y no llegan los ascensores. Estos datos fueron los que nos confirmaron las voces paranormales en una de las sesiones psicofónicas que realizamos.

¿Alguna vez se han preguntado el por qué sobre estas curiosidades? Yo muchas veces, y si les soy sincero se me pasan por la cabeza mil y unas teorías, algunas un tanto descabelladas, sobre todo al rescatar de los archivos comarcales de Terrassa algunas noticias llamativas como comento en mis anteriores libros.

—¿Ha muerto gente en esta habitación?

—Siete.

La sensación que percibimos aquella noche fue extraña, era como si el lugar oliese a muerto y se respirase mal rollo. Los compañeros estaban convencidos de que la situación era diferente a otros días, el ambiente estaba cargado de algo negativo y pesado, es difícil describirlo.

Realizamos una serie de preguntas en busca de intentar solventar nuestra preocupación con respecto a qué estaba ocurriendo aquella noche oscura y lluviosa. El mensaje recibido nos dijo de forma clara que en la habitación donde nos encontrábamos habían fallecido siete personas. Minutos más tarde, una serie de golpes y ruidos extraños nos pusieron más en alerta todavía, porque no tenían explicación aparente; así que optamos por abandonar la investigación debido a que un par de chicas que nos acompañaban comenzaron a sugestionarse hasta tal punto que se pusieron muy nerviosas, tanto que tuvimos que sacarlas de allí de forma apresurada.

—¿Cuántas mujeres hay en el grupo?

—Tres.

No sé por qué, pero tras formular esta pregunta las mujeres que nos acompañaban aquella noche sintieron un poco de miedo, pero, menos de lo previsto, según comentaron al grupo. Quizá se esperaban una respuesta mucho más terrorífica de lo que registró nuestra grabadora. Esto demuestra que el miedo o lo terrorífico no depende de la causa paranormal, si no de nuestra interpretación de las manifestaciones y, sobre todo, de nuestros pensamientos. Como suelen decir los budistas: podemos llegar a la felicidad a través de los pensamientos, ya que ellos son quienes nos dominan; si controlamos los pensamientos, controlaremos nuestra vida y, por tanto nuestra felicidad. Además, debemos aprender a interpretar los sucesos que acontecen a nuestro alrededor de una forma más imparcial y objetiva, para ello debemos analizar las situaciones desde fuera, como si no fuésemos parte implicada en el asunto; si somos imparciales seguramente podremos ser objetivos y consecuentes con nuestros pensamientos.

La psicofonía respondió correctamente a la pregunta; aquella noche nos acompañaban tres investigadoras que llevaban poco tiempo experimentando con el mundo del misterio.

Ahora vamos a conocer algunos de los sucesos más significativos que se han producido en esta planta y posteriormente pasaremos a la ya habitual transcripción de la sesión de ouija.

Desorientación

La sensación de sentirte desorientado les ha ocurrido a varias personas en esta planta, como he comentado unas páginas atrás; siendo una situación que llama la atención cuando uno mismo la ha experimentado también. No sé qué origen tiene, pero tiendo a creer, aunque no descarto nada, que podría tratarse de un estado modificado de conciencia en el cual hemos entrado algunas personas, sugestionadas quizá por esas inteligencias que parecen habitar en el interior del edificio. Sé que es arriesgado que afirme esto sin aportar pruebas tangibles, pero sinceramente es la teoría que más me llena de todas las que he valorado.

No pretendo ser políticamente correcto, además tampoco sé, no se me da bien eso de las falsas apariencias, por eso digo lo que pienso y me da igual si no gusta a alguien, intento dar mi versión de las cosas sin faltar el respeto a nadie, aunque a mí y a muchas personas como yo, sí nos lo falten a diario por el simple hecho de que nos guste el misterio. Estas personas deberían aprender algo, y es que lo verdaderamente importante en esta vida no son las apariencias, sino el hecho de ser buena persona con uno mismo y con los demás. Por eso, vuelvo a repetir que guste o no mi teoría, me llamen loco o mentiroso, reafirmo que creo que podíamos estar ante una inducción sugestiva por parte de la causa paranormal.

Olor a quemado

En algunas zonas de la planta viene de vez en cuando olor a quemado, lo que hizo suponer a la mayoría de testigos que la habitación quemada realmente se había incendiado, pero como he explicado antes se trata de parte de un escenario de película, por lo que es imposible que desprenda olor a quemado, además, de haberse incendiando, con el paso de tantos años no creo que el olor pudiera ser tan intenso a día de hoy como para que llegase a la otra ala del edificio.

A este fenómeno olfativo, en el caso de constatar que fuese de origen desconocido o paranormal, se le calificaría con el nombre técnico de «clariesencia», y sería un fenómeno de efecto físico. Dicen que en las apariciones marianas se puede oler a rosas, y que cuando se manifiestan fuerzas oscuras el olor suele ser a azufre. Seguramente haya mucha leyenda con todo esto, pero lo que es un rotunda realidad es que el fenómeno existe, y se ha producido miles de veces a lo largo de la historia. Ahora bien, ¿a qué es debido?, ¿qué finalidad persigue la causa paranormal al dejarnos estos aromas en el ambiente? Parece que no tiene sentido este tipo de manifestaciones porque no persiguen ningún objetivo concreto, pero estoy seguro que, como todo en esta vida, alguna explicación debe tener aunque no la conozcamos, sino sería imposible que se manifestara, porque como decía el profesor Don Germán de Argumosa: no puede haber efecto sin causa.

Cambios de temperatura

Es curioso, pero en ocasiones los testigos aseguran que un calor sofocante aparecía de la nada mientras estaban paseando por la planta ocho, quizá debido a la leyenda del incendio algunos de ellos asocien esta subida de temperatura a lo que consideran que ocurrió en un pasado, pero la realidad es que nunca hubo un incendio en esa planta, al menos que yo tenga constancia, por lo que tenemos que hallar la causa que origina esa termogénesis en otro desencadenante. Quizá detrás de estas manifestaciones de temperatura extrema se encuentre directamente la causa paranormal, ya que parece no tener explicación racional este tipo de suceso. No sé qué opinarán ustedes, pero creo que encontrar una explicación lógica y terrenal a esto es más que complicado.

Personalmente, he llegado a sentir cambios de temperatura en esta planta, pero no hasta el extremo que han llegado a percibir otras personas, algunas ajenas incluso a la leyenda del incendio, por lo que puedo pensar que, una vez más, la causa paranormal no diferencia entre unos y otros a la hora de elegir su "víctima".

Fallo de los aparatos

Otra de las manifestaciones que asombran a quienes se han dejado caer por esta zona del edificio es la alteración de nuestra tecnología; aparatos de todo tipo que comienzan a funcionar de forma inestable. Lo más común es que las baterías se desgasten de forma rápida, durando mucho menos de lo normal. También suele ser común que algunas cámaras fotográficas se bloqueen a la hora de intentar lanzar una instantánea o, incluso que salgan las imágenes borrosas o con trazos lumínicos que aparentemente no tienen explicación ni son fallos del aparato. Los teléfonos también sufren alteraciones y las pantallas se desconfiguran, aunque a mí personalmente esto no me ha ocurrido nunca en la planta ocho, será porque utilizo un teléfono muy sencillo, para llamar y enviar mensajes; no suelo comprar móviles de última generación, ni siquiera activo Internet o programas adicionales, para esto soy muy clásico.

Sobre el tema de la ouija hay mucho "experto" por ahí, sobre todo afincado en temas espirituales o esotéricos que, a pesar de no practicarla quiere imponernos a los demás sus teorías al respecto. Suelen ser personas que tienen una visión muy negativa y terrorífica del tablero. Yo les diría que es simplemente un trozo de madera con letras y números, nada más. Quienes se manifiestan no son seres malignos como estamos pudiendo comprobar en las transcripciones de este libro, así que por favor, desde aquí les invito a que experimenten dejando sus creencias a un lado y verifiquen realmente la realidad sobre este sistema de contacto. Ellos van de buenas personas, de ser muy espirituales, pero sin poseer pruebas tangibles, más que sus propias creencias, se dedican a manchar el nombre de las entidades que se manifiestan a través del tablero, lo que me demuestra a título personal que no son demasiado buenos, ni espirituales, más bien son ignorantes o, algunos, incluso, vividores que se aprovechan de alimentar el miedo en los demás, para venderles velas mágicas, inciensos para ahuyentar a los malos espíritus y rituales milagrosos.

La ouija es menos peligrosa que acercarse a determinados individuos. Como digo siempre: no tengo miedo a la ouija, le temo a los vivos.

Ahora vamos a conocer una transcripción muy interesante que va enfocada en este sentido.

—¿Cómo te llamas?

—Eusebio.

—¿Quieres colaborar con nosotros?

—Sí, para eso estoy aquí.

—¿Es verdad que quienes os manifestáis en la ouija sois seres negativos o del bajo astral?

—Eso son tonterías. En este lado hay seres de todo tipo y condición.

—¿Entonces es mentira que se abra una puerta hacia un mundo de oscuridad?

—Solamente tienes que analizar tus sesiones de ouija para ver que es mentira.

—Es verdad, nosotros en diez años y cientos de sesiones no hemos tenido apenas experiencias negativas.

—Claro, porque no es tan malo como lo pintan algunas personas, que se empeñan en alimentar el miedo y la mentira sobre un sistema de comunicación que lo único que hace es unir dos mundos, y como en cualquier situación, cuando abres una ventana al otro lado puede haber alguien bueno, malo, regular o no haber nadie, pero eso que dicen sobre nosotros es incierto, te aseguro que en tu mundo las personas son mucho más malas que en el mío.

—¿Sois muertos?

—Aquí hay de todo, pero sí, algunos somos muertos, y por mucho que digan que somos negativos, oscuros o del bajo astral, la gente se equivoca, habla sin saber.

—Se han dado casos donde tras hacer una ouija los experimentadores lo han pasado mal.

—Claro, se creen todas las mentiras y leyendas que cuentan sobre la ouija y se sugestionan, sobre todo cuando se comunican con alguna entidad que tiene ganas de jugar o reírse de ellos.

—Para terminar te quiero preguntar si la ouija es peligrosa.

—Lo peligroso es la sugestión y la falta de raciocinio, si eres una persona sensata no tendrás problemas al hacer la ouija, pero si vives en un mundo imaginario y sugestivo seguramente lo pasarás mal, pero no por hacer la ouija, sino porque tú mismo te montarás una paranoia en tu cabeza.

Creo que aquella sesión de ouija me sirvió para reforzar mi teoría sobre la cuestión que tratamos en el tablero que, por cierto, la entidad resumió perfectamente. No sé ustedes, pero yo comparto todo lo expuesto en esta transcripción. No creo que lo peligroso sea la ouija, el problema está en nosotros.

Ahora nos desplazamos hasta la mítica planta nueve para disfrutar del misterio en su estado máximo.

La planta 9

No sé cómo calificar esta zona del sanatorio, porque es el lugar más caliente en cuanto a fenómenos se refiere; podríamos llamarle de mil y una maneras, pero creo que aun así no conseguiría trasmitir en estas líneas toda su esencia, de hecho, creo que cuando acaben de leer el capítulo se sentirán fascinados, pero si nunca han tenido la oportunidad de pasear por la planta no podrán llegar a comprender a fondo toda su magia, de todas formas voy a intentar expresar lo mejor posible y con todo detalle algunas de las experiencias más impresionantes que han ocurrido en este sitio, para que al menos puedan sentir dentro de todos ustedes parte de la esencia que ha trasmitido este lugar durante muchos años, hasta que un día, los señores responsables del edificio decidieran tirar la planta y construir una hermosa terraza. Desconozco si a día de hoy la terraza trasmite las mismas sensaciones que hace unos meses cuando el lugar estaba intacto.

Ahora vamos a conocer algunas experiencias que ponen los pelos de punta. Al fin estamos en la planta nueve, agarren bien el libro: comienza el vértigo.

El minidisc y la coca-cola

Una mañana acudí al hospital con dos investigadores, una mujer y un hombre, para enseñarles el edificio y, concretamente la planta número nueve. Aquel día ocurrieron cosas muy interesantes y misteriosas, entre ellas hubo una donde se produjeron varios fenómenos en cadena, que bien podrían estar generados por la misma causa, al menos eso me hace intuir. Ahora serán ustedes quienes juzguen si se trata de un mismo origen o no. Lo primero que ocurrió es que escuchamos una voz en directo que decía algo, de la cual nos percatamos los tres. Instantes después, conseguimos escucharla nuevamente, pero además, dio la casualidad que teníamos algunas grabadoras en funcionamiento y éstas registraron también la voz; la escuchamos en vivo, y también a modo de psicofonía, por llamarlo de alguna forma, ya que en realidad no fue una voz psicofónica, más bien una mimofonía o clariaudiencia. Sea como fuere, los tecnicismos son lo de menos, lo importante es el fenómeno en sí.

Minutos más tarde, una nueva voz en directo hizo mención a una botella de coca-cola que había tirada en el suelo. Nos quedamos todos perplejos al escucharla, no dábamos crédito a la manifestación que acababa de producirse. Pero la cosa no terminó ahí, porque unos minutos más tarde ocurrió un fenómeno que volvió a dejarnos asombrados, cuando a una grabadora de minidisc se le descargaba la batería cada vez que mi compañero se colocaba encima de un punto concreto del pasillo; cuando se desplazaba un paso de ese punto la batería volvía a recuperar toda la carga. Esto ocurrió durante varias veces, incluso lo registramos en vídeo.

Aquella mañana sucedieron muchos fenómenos de todo tipo, incluso llegamos a escuchar como las puertas se cerraban solas, pegando fuertes portazos, casualmente siempre que no mirábamos. Fue extraño y muy curioso, además llegamos a sentirnos desorientados en varios momentos.

Al final de la jornada puse a grabar uno de los aparatos para explicar todas las experiencias que habíamos vivido y, en un momento dado, una voz psicofónica de gran calidad, se coló para recordar-nos el fenómeno presenciado con la botella de refresco, siendo una de las psicofonías más impactantes que he registrado en la novena planta.

De acuerdo

Una noche me encontraba con Carlos y Dani en la habitación que da a los túneles de la planta nueve. Habíamos intentado registrar fenómenos durante varias horas, pero lo paranormal parecía resistirse como ya nos había ocurrido en alguna otra ocasión, sin embargo, no era lo habitual, casi siempre registrábamos al menos alguna psicofonía, por eso nos sentíamos mal, a pesar de ser conscientes de que no siempre se captan manifestaciones de este tipo.

Antes de marcharnos lo intentamos por última vez. Para ello colocamos un detector de movimiento en el pasillo y nosotros nos ubicamos en el interior de la estancia, desde donde podíamos ver el aparato si alumbrábamos con la linterna. Procedimos a encender la grabadora y le dimos al botón de grabar. Instantes más tarde, comenzamos a escuchar pasos que procedían del pasillo, fue entonces cuando escuchamos cómo el sensor pitaba, acto seguido alumbramos con las linternas y allí no había nadie. Revisamos la habitación que hay al lado, pero tampoco había nadie, y lo más extraño es que no tardamos ni tres segundos en alumbrar, por lo que es imposible que alguien físico fuese el causante de lo ocurrido. Aquello nos animó a seguir y realizamos una nueva sesión de psicofonías en la cual preguntamos si alguien se quería comunicar con nosotros. Fue entonces cuando registramos una voz masculina muy clara que decía: «de acuerdo». Lo que más nos llamó la atención es que parecía una voz humana por todos sus rasgos, además el volumen en el cual se registró era tan alto como nuestras propias voces, pero sobre todo, nos impactó de forma atroz su acento; era una voz de persona extranjera, quizá de Europa del Este, no lo sé.

Piedras en la habitación de las monjas

Entrando en la planta nueve tenemos un pasillo que nos permite ir hacia los dos extremos, si avanzamos por la derecha, sin dejar el pasillo, terminamos en una habitación que apodamos «el laberinto» debido a que en su interior hay muchas paredes que dan forma a pequeñas habitaciones sin techo, que eran donde supuestamente dormían las monjas. En esta estancia se han registrado fenómenos extraños y psicofonías inquietantes, pero una noche nos sucedió algo muy distinto a todo lo que estábamos acostumbrados a presenciar. Recuerdo que subimos con una persona vinculada a los servicios de vigilancia del hospital... había en el suelo, justo a la entrada de la habitación, una taquilla tirada y nos sentamos allí, apagamos las linternas y pusimos nuestras grabadoras en funcionamiento para registrar alguna inclusión. Instantes después, un fuerte golpe nos asustó. Al encender las linternas no vimos nada extraño, incluso revisamos la planta, pero allí no había nadie aparte de nosotros, por lo que pensamos que quizá alguno de los presentes pudo ser el causante del ruido a modo de broma, aunque todos negamos ser los responsables. Continuamos grabando, pero en esta ocasión con las luces de las linternas encendidas. Cuál fue nuestra sorpresa al volver a escuchar el mismo sonido y observar cómo una piedra impactaba contra la taquilla. Nos pusimos de pie y comenzamos a buscar al individuo que había lanzado la piedra, pero allí no había absolutamente nadie. El fenómeno se repitió en varias ocasiones, incluso pudimos llegar a ver cómo las piedras caían del techo, dejándonos atónitos ante una de las situaciones más surrealistas que hemos presenciado en el hospital del Tórax.

Un fantasma pisa al cámara

Como vengo explicando en el libro, han sido varias las experiencias que vivimos con los amigos de la productora Visual-Beast, donde lo imposible se manifestó una y otra vez, casi sin darnos tregua para asumir lo que iba sucediendo. Como es evidente, en una jornada tan intensa, en la novena planta el fenómeno no podía aislarse de aquella situación, y se manifestó, ya lo creo que lo hizo, dejando al grupo asombrado.

Estábamos en el mítico pasillo que lleva a los túneles de las monjas, cuando empezamos a escuchar ruidos y voces que parecían provenir de la habitación que teníamos al fondo. Segundos después, mientras comentábamos el suceso, el detector de movimiento que habíamos colocado a escasos cinco metros de nuestra posición, pitó, alertándonos de que algo o alguien había pasado por delante, pero al girar nuestras cabezas no vimos nada, por lo que decidimos revisar la cámara de vídeo para cerciorarnos de que el aparato había saltado de forma inexplicable. Los compañeros que estaban allí dijeron que habían percibido un frío extraño a la vez que notaron a una presencia que pasaba por su lado. La situación fue impactante, pero lo más sorprendente vino después, cuando el cámara aseguró que alguien lo había pisado, creyendo en primera instancia que había sido uno de los compañeros, los cuales negaron rotundamente haberlo hecho. ¿Qué ocurrió aquella noche?, ¿quién pisó al cámara?, ¿por qué saltó el sensor de movimiento?, ¿tuvieron algo que ver aquellas voces que escuchamos instantes previos al suceso? Mucho misterio y muchas preguntas, sin duda. Estoy convencido de que todo tiene un origen paranormal, porque el hospital del Tórax es para mí, la cátedra del misterio; el lugar donde lo imposible se puede convertir en real.

Niña tarareando una canción

Una de las experiencias más intensas vividas en la planta nueve tuvo como testigo a tres personas: Carlos, Manolo y Marcos, los cuales se encontraban en el túnel; lugar donde se han producido fenómenos sorprendentes, sobre todo a nivel auditivo, siendo muchas las personas que aseguran haber escuchado voces, susurros y murmullos estando en el interior del túnel o cuando se encontraban en zonas colindantes.

Nuestros protagonistas estaban grabando psicofonías cuando escucharon la voz de una niña tarareando una canción. Aquella situación era digna de cualquier película de terror, la única diferencia es que ocurrió en la vida real, y allí no había nadie más aparte de ellos. El fenómeno se repitió en varias ocasiones, incluso llegaron a aprenderse la melodía de la canción que aquella supuesta niña tarareó en varias ocasiones. Según me explicaron Carlos y Manolo, ha sido posiblemente la experiencia que más les ha marcado dentro del hospital del Tórax, aunque Carlos ha vivido algunas más de ese calibre o, incluso superior.

Creo que queda claro que uno de los lugares más extremos donde vivir situaciones límites dentro de la planta nueve es el túnel donde se rodó la película «La monja». Es una pena que a día de hoy hayan tirado la planta, porque este escenario era digno de haberse seguido investigando en profundidad, pero como suele ocurrir casi siempre, el ser humano no presta atención a estos temas y se centra en cuestiones más materiales.

Ahora vamos a conocer algunas de las psicofonías más inquietantes que se han registrado en esta planta y que pocas veces han sido comentadas. Posteriormente nos adentraremos en una interesante sesión de ouija que me marcó mucho.

—¿Tienes algún mensaje para mí?

—Vigila.

En próximos capítulos vamos a conocer una historia sobre traiciones y mentiras que tiene como víctima a éste que escribe. Les cuento esto porque la psicofonía que registré aquella noche parece una clara advertencia a lo que posteriormente iba a suceder. En este caso concreto la entidad me dijo que vigilara cuando le pregunté si tenía algún mensaje para mí. Pero curiosamente, días antes de registrar esta voz, y mientras estaba acompañado por varias personas importantes del mundillo del misterio, a los cuales invité a visitar el lugar con el consentimiento del que por entonces era uno de los vigilantes del hospital, registré una voz que decía: «ten cuidado tío». Y es que algunas de estas personas con el paso del tiempo han cogido la fea costumbre de criticarme. Al parecer, aquel día les parecí alguien serio y buena persona, pero pasados los años, una vez que otros han conseguido etiquetarme, estos se han sumado a la "fiesta" olvidando cómo soy y dejándose llevar por las habladurías, y es que para estar dentro de la manada tienes que bailar al mismo son que todos, sino puede que te aparten del grupo. Éste es el motivo por el cual imagino que actuarán así, y por lo que estas dos inclusiones me advertían, a sabiendas de lo que posiblemente sucedería.

Para alguno de ustedes quizá estoy especulando demasiado o asociando los mensajes a sucesos posteriores sin rigor ni objetividad alguna, pero siento en lo más adentro de mi ser que aquellas fueron advertencias para que vigilara con estas personas.

—¿Quién se comunica en los túneles?

—Los niños son.

Fueron tantas las noches que escuchamos murmullos, voces, susurros y movimiento de gente en el interior de los túneles que, necesitábamos saber quién se manifestaba en ese lugar. Además, han sido muchos los testigos con los que he podido hablar y que me han contado curiosas experiencias en esta zona, por lo que mi sed de respuesta ante tal incógnita me ha llevado en varias ocasiones durante las sesiones de psicofonías a plantear preguntas enfocadas en este sentido. Una de ellas fue contestada de forma clara, además, me impactó mucho escuchar el mensaje; la voz era infantil.

No sé si realmente serán entidades de niños los que habitan en ese túnel o algo que los imita, pero sea como fuere, las vivencias que hemos tenido en este sitio han sido atronadoras.

—¿Has sido tú quien ha pasado delante del sensor?

—No me han visto.

El punto más caliente del hospital del Tórax para que salten los detectores de movimiento sin causa aparente es el pasillo de la planta nueve que da acceso a la habitación que desemboca en los famosos túneles. En este punto hemos experimentado lo absurdo en muchas ocasiones, sin que hayamos encontrado el origen de tales sucesos, por eso en determinados momentos hemos formulado preguntas sobre este asunto a las voces psicofónicas, entre ellas la que hemos leído unas líneas más arriba. La respuesta en esta ocasión fue curiosa, ya que parece que la voz le dice a alguien que no ha sido vista. ¿Quizá se comunicó con otra entidad?, ¿o por lo contrario se dirigió a alguno de nosotros? No lo sé, la verdad. Intuyo que quizá se comunicó con alguien de su mundo y nosotros registramos ese fragmento sonoro, aunque claro, es mucha casualidad que la voz aparezca tres o cuatro segundos después de que formuláramos la pregunta. Por cosas como ésta, creo que el mundo del misterio es apasionante, ¿opinan lo mismo?

—¿Aquí dormían las monjas?

—Lo hacían.

Lo teníamos claro por la distribución de la estancia y por las pequeñas habitaciones que había dentro, pero quisimos preguntar a las voces si ese lugar era donde dormían las monjas. Una voz clara y a un alto nivel de sonido nos respondió de forma afirmativa para sacarnos de la duda, si es que alguno de los presentes la tenía.

En esa estancia se han producido todo tipo de fenómenos y manifestaciones, algunos ya los hemos conocido, por lo que calificaría la dependencia como un sitio muy atractivo para investigar y analizar los resultados. Seguro que si alguno de ustedes ha tenido la suerte de experimentar allí estará de acuerdo conmigo.

—¿Hubo algún suicidio desde esta planta?

—Pocos.

Una vez ubicados en la novena planta quisimos preguntar a las voces si se había producido algún suicidio desde allí, aunque según los datos rescatados de los archivos, esa planta fue de uso exclusivo para las monjas, hasta que éstas dejaron de trabajar en el hospital y se dejó en desuso; desde entonces, supuestamente nadie entraba ni salía, y mucho menos los enfermos. De todas formas era evidente que la pregunta debíamos formularla, ya que los rumores siempre habían señalado a esta zona del sanatorio como el escenario principal de los suicidios. Para sorpresa de todos los presentes, una voz masculina nos dejó un mensaje que nos hizo balbucear unos segundos; la psicofonía afirmó que se produjeron pocos suicidios, lo que de ser cierto contradiría a los documentos que pude palpar con mis propias manos en la calle Pantano de Terrassa, y por otro lado alimentaría el rumor popular anteriormente comentado. ¿Hubo suicidios desde la planta nueve o no?, ¿qué opinan ustedes?

—¿Tienes algún mensaje para mí?

—No lo dejes.

En ocasiones me he planteado dejar el mundo del misterio. Recuerdo la primera vez que tuve la necesidad de apartarme de este mundillo debido a una serie de críticas y mentiras vertidas contra mi persona. Entonces era débil y no estaba acostumbrado a vivir este tipo de injusticias, por lo que me afectó demasiado. Menos mal que todos estos años me han servido para fortalecerme mentalmente y aprender mucho sobre lo que es la vida y el ser humano.

Estaba en la planta nueve con el estado anímico por los suelos cuando pregunté a las voces si tenían algún mensaje para mí. La respuesta que obtuve fue clara y concisa; la causa paranormal me pidió que no dejara el misterio. Seguramente, en ese otro lado eran conocedores de mi honestidad y no-bleza, al menos así me considero yo, eso sí, soy imperfecto y estoy lleno de defectos, como cualquier otra persona, pero si me caracteriza algo es que intento no hacer daño a nadie, aunque a veces sin querer pueda herir a los demás, incluso, en ocasiones, cegado por la rabia de las injusticias a las que me siento sometido también puedo actuar de forma brusca y dañar a quienes me atacan, pero en circunstancias normales prefiero brindar la victoria a los demás antes que entablar una disputa. Aquella noche recibí un consejo al que me aferro cada vez que tengo ganas de dejarlo todo, aunque por suerte a día de hoy apenas siento esa necesidad de evasión; he aprendido a convivir con la mal-dad humana a mi alrededor, a pesar de que la tristeza me siga invadiendo cada vez que presencio un acto de injusticia contra mí o contra otro ser vivo.

—¿Puedes verme?

—Y tocarte.

Nuevamente formulamos una pregunta para saber si las entidades que se comunican a través de las psicofonías pueden vernos. En otras ocasiones ya habíamos registrado mensajes que expresaban diferentes opiniones al respecto. Algunas voces aseguraban ver oscuridad, otras describían nuestro entorno, incluso nuestra ropa, pero la voz que captamos aquella noche en la habitación donde estaba supuestamente la lavandería de la planta nueve, fue totalmente distinta. El mensaje invita a la sugestión si eres una persona que no está acostumbrada a lidiar con estos fenómenos: «y tocarte». Algunos de los presentes que estaban cuando se registró la voz no tenían costumbre de experimentar con el misterio y estuvieron un poco nerviosos durante varios minutos, hasta ver que no ocurría nada físico. De todas formas les expliqué algunas curiosidades ocurridas en el sanatorio donde varias personas han notado cómo una mano invisible las tocaba, entre ellas yo mismo.

Si alguna entidad nos ha aportado grandes noches de extensas conversaciones ésta ha sido Petra, a la cual le hemos dedicado un libro: «Suicidios en el hospital del Tórax – Editorial Círculo Rojo». Por eso vamos a aprovechar este capítulo para transcribir parte de una sesión en la cual entablamos conversación con una inteligencia distinta, ya que pueden disfrutar del libro mencionado cuando lo deseen y conocer un poco mejor a Petra.

—¿Hay alguien ahí?
—Hola, me llamo Gervasio.

—¿Estás muerto?
—Sí, pero no soy como vosotros.

—¿A qué te refieres?
—No viví en vuestro planeta.

—¿Eres extraterrestre?
—Sí, soy de otro planeta. En el Universo hay muchos planetas habitados por vida inteligente, no creáis que sois los únicos.

—¿Una vez que morimos todos vamos al mismo sitio aunque seamos de distintos planetas?

—Al lugar donde vamos depende de nuestro comportamiento en vida, pero sí, todos acuden un mismo lugar indiferentemente del planeta donde hayan vivido.

—¿Sabes que es la primera vez que hablamos con el espíritu de un extraterrestre muerto?

—No es la primera vez, os lo aseguro, lo que pasa que no todos se identifican tan claramente como yo. Mediante la ouija contactáis con seres de muchos planetas que han fallecido o, incluso que siguen vivos.

—¿Cómo sois físicamente?

—Muy similares a vosotros, pero espiritualmente no existe ninguna diferencia, somos conciencia, igual que el resto de seres vivos que habitan el Universo.

—¿Y vuestro planeta cómo se llama?

—En vuestro idioma no se puede decir, no hay traducción posible.

—¿Nos podrías aportar alguna prueba tangible de todo lo que comentas?

—No puedo.

—¿Ninguna?

—Te diré una cosa, Miguel Ángel, el hospital del Tórax te aportará muchos éxitos, pero dentro de algunos años, cuando menos lo esperes.

—Me importan más otras cosas antes que el éxito.

—Mucha gente, gracias a ti, recobrará la esperanza al saber que con la muerte no termina todo, pero lo más importante es que vivirán con ilusión sabiendo que un día se volverán a encontrar con sus seres queridos que abandonaron ya este mundo. Tu labor va a ser muy importante, aunque tú no te des cuenta, por eso te pido que a pesar de las dificultades en las que te veas envuelto nunca dejes de hacer esta labor y de concienciar a la gente.

—Pienso que la gente que creen en la vida más allá de la muerte seguirá creyendo aunque no me dedique a esto, y la gente que no cree, seguirá sin creer aunque yo siga en este mundillo.

—Te equivocas, tú vas a crear un antes y un después en estos temas para muchas personas, aunque tú creas lo contrario. De todas formas, con mejorar la vida de un solo ser humano ya habría valido la pena.

Fue una sesión impactante que me dejó muy reflexivo, tanto que después de esto decidí empezar a plasmar mis investigaciones en papel por si algún día decidía compartir mis experiencias con el mundo y, poco tiempo después fue cuando publiqué mi primer libro.

Ahora si les parece nos adentrarnos en otros capítulos no menos importantes que los que acaban de leer, donde conocerán cuestiones que no les van a dejar indiferentes.

Nuevas leyendas

Cuando un lugar cae en el abandono siempre surgen leyendas de todo tipo; algunas inventadas sin maldad, ni con fines concretos más allá de querer asustar a algún amigo o pretender gastar una broma a alguien, siendo el paso del tiempo y el boca a boca quienes le dan vida a la historia. Otras leyendas aparecen por fines distintos, quizá querer darle al entorno una imagen más terrorífica, incluso, hay quien genera leyendas por intereses personales o profesionales, como ganar audiencia, por ejemplo. Por desgracia, esto suele ser bastante habitual en el mundillo en el que me muevo, y soy consciente de que aquellos que no me conocen pueden pensar que yo soy una de estas personas que inventan historias para no dormir; sin embargo, los que me conocen bien saben que ese no es mi estilo, entre otras cosas porque por suerte o por desgracia, parece que tenga un imán pegado a mi culo que hace que el misterio me acompañe allá por donde voy, llegando a presenciar fenómenos insólitos en la mayoría de investigaciones que realizo. Prueba de ello es que he organizado más de un centenar de investigaciones abiertas al público, donde ha venido mucha gente, y en más de ochenta de ellas se ha manifestado lo paranormal. Algunos días hemos llegado a ser más de cincuenta personas, y muchas han registrado cosas muy extrañas con sus propios aparatos. Si me expongo a estas situaciones, ante tanta gente, es porque estoy seguro de que en nueve de cada diez investigaciones ocurrirá algo paranormal de importancia. Además, mi forma de ver y entender la vida no me lleva a engañar a nadie inventándome leyendas o rumores. Creo que una vez que dejamos este mundo rendimos cuentas sobre nuestras acciones en vida, aunque por encima de todo esto, está mi ética, mis valores y mi forma de ser, los que me impiden engañar a nadie.

Existen algunas leyendas sobre el hospital del Tórax que parecen surgidas de la nada una vez que el lugar comienza a adquirir fama de misterioso. Antes de que Sebastià Darbó contara en Cuarto Milenio la leyenda de la enfermera de la muerte o del enfermo fantasma que se pasea por la Jungla con una mascarilla de oxígeno, personalmente, no las había escuchado nunca. Algunas personas pueden creer que son inventadas, porque no conozco a nadie que supiera de su existencia hasta ver el programa de Cuatro, pero lanzaré una lanza en favor de Darbó, y es que el hecho de que uno no conozca una leyenda no quiere decir que no exista. Aunque sí, es raro que en Terrassa casi nadie, por lo menos de las personas con las que he podido hablar personalmente, conociera las leyendas.

Confío en la honestidad de Darbó, por eso quiero dejarlo claro; lleva muchos años dedicados al mundo del misterio y eso hay que tenerlo en cuenta, por lo tanto, no calificaría las leyendas como falsas, sino todo lo contrario, como reales.

Existen algunas historias que se han podido demostrar que son inciertas, como la leyenda de la planta ocho sobre el incendio y el círculo del techo con ángeles, donde aparecen las fotografías de niños, pero seguro que muchas otras también serán invenciones, lo que por desgracia no se pueden desmentir tan fácilmente.

Recuerdo que en la Capilla había un pentagrama pintado en el suelo, de hecho lo hemos comentado al principio del libro, y que llegó a surgir la leyenda de que había sido obra de grupos satánicos, sin embargo, formaba parte de un escenario cinematográfico; otra cosa es que algunos grupos de corte ilícito le hayan dado ese uso satánico.

Ahora les voy a contar algunas leyendas que he ido conociendo y de las cuales no tenía ni idea antes de que me las contaran.

La mujer del camisón

Una vez me contaron una leyenda sobre la zona trasera del hospital; dicen que se aparece una mujer vestida con un camisón blanco, al parecer, y siempre según la leyenda, se trata de una antigua interna que falleció en el sanatorio y que a día de hoy sigue vinculada allí. Cuentan los rumores que es muy guapa y siempre va con una sonrisa en la cara, saludando a todo aquel que se cruza con ella y puede verla. La primera vez que escuché esta historia me la contó un compañero. Su hermano fue testigo de la aparición junto a otra persona. Después de conocer la historia pasaron años hasta que alguien volvió a hablarme de lo mismo, lo que desconozco es si esta persona tenía constancia de la leyenda o no. Sea como fuere, no puedo catalogar esta historia dentro de la realidad porque carezco de pruebas evidentes, aparte de la experiencia del hermano de uno de mis compañeros de investigación. ¿Quizá alguno de ustedes ha visto a esta mujer alguna vez? En tal caso la leyenda cobraría mucho más realismo.

El suicida de la jungla

Existe una leyenda que habla de un suicida que se escucha caer al vacío en la Jungla. Es una historia morbosa que conocen muchas personas, incluso hay numerosos testigos que aseguran haber escuchado el grito del supuesto fantasma.

Sobre estos rumores tengo que decir que son ciertos, y en ocasiones se escuchaban estos gritos tétricos que parecían emular a los que antiguamente se oían cuando los enfermos se tiraban por las ventanas del hospital, sin embargo, no existe ningún fantasma suicida que se lance al patio. Los gritos que la gente aseguraban escuchar, eran de personas que estaban en la Pineda. De hecho, en el programa Comando Actualidad (TVE) se puede escuchar uno de estos gritos perfectamente.

La leyenda, en este caso concreto fue creada por simple confusión, y es que en ocasiones las personas podemos dejarnos llevar por suposiciones erróneas, sobre todo en lugares como el Tórax, donde el índice de fenómenos paranormales es muy elevado. Mi recomendación sería que analizáramos a conciencia todas las situaciones que experimentamos antes de dar nuestro veredicto.

La monja de la pasarela

La primera vez que alguien me explicó que había presenciado una aparición en la pasarela que rodea la Jungla por arriba, fue mi amigo José, quien vivió el momento mientras estaba con Carlos y conmigo, aunque nosotros no presenciamos el fenómeno, entre otras cosas porque no miramos en el momento en el que se produjo.

Mi compañero describió a una monja perfectamente, aunque lo que más destacaba era el contorno a modo de silueta sombría. Otros testigos me han comentado algo similar, aunque con una diferencia notable, y es que pudieron ver a la monja perfectamente, incluso la ropa que vestía y los rasgos físicos.

Nos enfrentamos a un caso muy interesante puesto que la Capilla está al lado y se supone que las monjas que regentaban el sanatorio solían acudir de forma frecuente al lugar sagrado. ¿Estamos ante la aparición de una monja que falleció en el hospital?, ¿nos hallamos ante un fenómeno de sugestión?, ¿qué se esconde realmente detrás de estas vivencias? No lo sé, pero de lo que sí tengo constancia es que antes de que el edificio no tuviese esta fama de misterioso, nadie comentó experiencias similares, al menos que yo tenga constancia, aunque claro, tampoco entrevisté a testigos por aquellos años. Por lo tanto, la incógnita sigue en el aire.

El hombre del cine

Desconocía la leyenda que habla de un señor que se aparece en el viejo cine sentado en las butacas, pero tengo un documento gráfico brutal al respecto. Se trata de una fotografía que registró Sonia J. hace unos años y que bien podría reafirmar la veracidad de la leyenda. Sin embargo, he tenido constancia de estos rumores hace tan sólo unas horas, justo cuando comencé a escribir este capítulo, por lo que no sé, si quizá la leyenda ha surgido al verse la fotografía en Internet o por lo contrario el rumor es anterior. Según la fuente que me ha informado de la leyenda, asegura tener constancia de ella desde hace un año aproximadamente, lo que tampoco me aclara nada, puesto que la imagen se registró hará seis años aproximadamente.

Si tuviera que dar mi veredicto, éste sería contundente: creo que se trata de una leyenda inventada a raíz de que la foto se subió a Internet. Por otro lado, tengo constancia de que la fotografía es real, porque Sonia estaba conmigo cuando la registró, así que estamos ante una leyenda más que nos deja entre dos aguas.

Ahora, si les parece bien nos adentramos en un capítulo dedicado a los médium y personas sensitivas, con quienes he recorrido el sanatorio en varias ocasiones para comprobar por mí mismo si realmente tenían esa capacidad sensitiva de la que algunas de ellas, tanto presumían.

Médiums y sensitivos

En esta vida, por desgracia, pagan justos por pecadores y en el ámbito de la espiritualidad, pero sobre todo de los dotados psíquicos, hay mucho, pero mucho fraude. El número de individuos que se dedican a estafar a personas creyentes o en situación desesperada es brutal. Siempre digo que más del noventa por ciento de ellos me causan desconfianza, y si ninguno de ustedes se enfadase incluso subiría hasta el noventa y nueve por ciento. Apenas he conocido personas que realmente tengan esa capacidad de la que hablan; algunas porque viven en un mundo de fantasía y realmente están convencidas de poseer un don que no tienen ni por asomo, y otras porque directamente mienten para sacar beneficio de ello. A pesar de todo sí he conocido gente fiable y honesta, pero son una inmensa minoría, al menos de la gran cantidad que he conocido personalmente.

Quiero contarles algunas historias vividas en el hospital con personas supuestamente sensitivas, para que sean ustedes quienes juzguen con honestidad y desde la imparcialidad, ya que si lo hago yo, seguramente no podría ser tan objetivo. Por cierto, los nombres de estas personas son ficticios, para no perjudicar a nadie.

Marisa

Al abrir la bandeja de mi correo electrónico vi un mensaje de Marisa en el cual me explicaba una serie de capacidades que decía poseer, además de algunas historias resumidas donde su potencial mediúmnico le había aportado a determinadas personas un beneficio importante. La mujer aseguraba poder entablar comunicación con los difuntos.

Estuve un par de días releyendo el mensaje, no terminaban de convencerme aquellas experiencias y se lo comenté a un amigo, que intentó aconsejarme. Fue entonces cuando lo tuve claro, no perdería nada por intentar investigar una noche con esta señora. Le propuse a la sensitiva que pasara una jornada de investigación a mi lado, pero la mujer se negó de forma rotunda a experimentar con la ouija o con las psicofonías. Aquello me sorprendió... ¿puede hablar con los espíritus pero luego le da miedo contactar con ellos mediante ouija y psicofonías?, pensé extrañado... Aquello me dejó con la mosca detrás de la oreja, como se suele decir de forma coloquial, pero todavía así decidí darle una oportunidad a Marisa y quedé una tarde con ella, porque ésta es otra; se negaba a visitar el sanatorio de noche. Sinceramente, era todo muy raro, y cada vez tenía más claro que la mujer no era trigo limpio, las cosas no cuadraban, existían muchas contradicciones en todo este asunto.

Llegó el día y nos adentramos en las entrañas del viejo edificio, paseamos por todas las plantas menos por la última, la mujer se negaba a entrar en la novena, decía que allí dentro había algo malo. Cuanta estupidez, pensé al escuchar aquellas palabras, pero no quería ser grosero con mi invitada, así que no le dije nada y nos centramos en el resto del edificio.

Me comentó que había espíritus de muchas personas, pero sobre todo de niños. Aquella afirmación la han hecho otras personas que no conocen a Marisa, por lo que en este aspecto quizá no mienta, aunque es posible que el rumor que ella confirmó, lo hubiese conocido a través de otras personas o, quizá de las redes sociales que tan de moda se han puesto en la última década.

Lo más interesante de nuestra visita fue cuando me dijo que ante nosotros había un hombre que se quería comunicar. Lo menos atractivo fue que no me dejó grabar la conversación en audio, pero la recuerdo perfectamente, aunque quizá algunas palabras no sean exactas, pero el contexto en sí, lo es. Paso a transcribirla para que sean ustedes quienes juzguen. Por cierto, yo formulaba las preguntas y ella me hacía de intérprete con el supuesto difunto.

—¿Cómo te llamas?

—Dice que se llama Mario.

—¿De qué has muerto?

—Me comenta que se suicidó porque su familia lo dejó aquí a su suerte y no venían a buscarlo.

—¿Por qué sigues en este mundo?

—No encuentra luz y está perdido; siente mucha pena y dolor.

—¿Podemos ayudarte de alguna forma?

—Dice que no con la cabeza.

—¿Hay más difuntos contigo?

—Muchos más como yo; se suicidaron y siguen en el edificio.

—¿Hasta cuándo seguiréis en este mundo?

—No lo sabe, pero imagina que mucho tiempo.

—¿Sois vosotros los que os manifestáis en las grabadoras y mediante la ouija?

—No quiere responder porque no sabe qué es la ouija y no entiende a qué te refieres con lo de las grabadoras.

—¿Sabes lo que son los fenómenos paranormales?

—Dice que sí.

—¿Sois vosotros quienes producís esos fenómenos?

—Gesticula con la cabeza diciendo que no varias veces.

—¿Entonces quién los produce?

—No lo sabe. Además todas estas preguntas le extrañan mucho, no entiende por qué se las formulas.

—Para terminar, ¿siempre estáis aquí o podéis ir a otros lugares fuera del sanatorio?

—Siempre están ahí, al menos él.

La conversación fue interesante, de eso no cabe duda, pero, ¿fue real o formó parte de un circo que se inventó Marisa? Juzguen ustedes mismos y saquen sus propias conclusiones. De todas formas yo tengo serias dudas de que existiese un contacto real.

Gabriel

En uno de los eventos que organizamos conocí a Gabriel, me habló de su capacidad para comunicarse con el más allá y me explicó que conocía bien el sanatorio de Terrassa. Al parecer lo había visitado en varias ocasiones porque conocía a uno de los vigilantes que antiguamente trabajaba haciendo suplencias.

Quedé con él para investigar en el interior del edificio, siempre con el consentimiento de los vigilantes que por aquella época me dejaban entrar con asiduidad. Por lo que optamos con hacerlo un día laborable, para evitar así que hubiese gente en el lugar que nos impidiera llevar a cabo nuestro trabajo de forma satisfactoria. Recuerdo que Gabriel me dijo que muchos de los espíritus que vagaban por el hospital eran de niños. Aquella afirmación se correspondía con la de otros supuestos sensitivos, lo que aumentaba las posibilidades de que fuesen ciertas, aunque como he explicado antes, también puede ser un rumor extendido del cual algunas personas se han aprovechado para alimentar su afán de protagonismo con respecto a sus supuestas capacidades psíquicas. Sea como fuere, tenemos que valorar ambas hipótesis hasta que no tengamos una prueba definitiva que nos haga decantarnos por una de ellas.

Nos ubicamos en la planta nueve para llevar a cabo nuestro trabajo de investigación, el cual se basaba en métodos distintos a los que yo solía utilizar. Gabriel llevaba un péndulo con el cual supuestamente se comunicaba con el más allá. El sistema es sencillo: formulas una pregunta y según el movimiento que realice el péndulo significa sí o no.

Antes de comenzar con la experiencia, el sensitivo dijo en voz alta que se manifestaran haciendo girar el péndulo cuando la respuesta fuese no, y que se moviera de lado a lado cuando fuese afirmativa. Imagino que si el péndulo no se mueve querrá decir que la entidad está indecisa o desconoce la respuesta.

—¿Puedes oírnos?
—Sí.

—¿Sois más de uno?
—No.
—¿Eres hombre?
—Sí.

—¿Has muerto aquí?
—Sí.

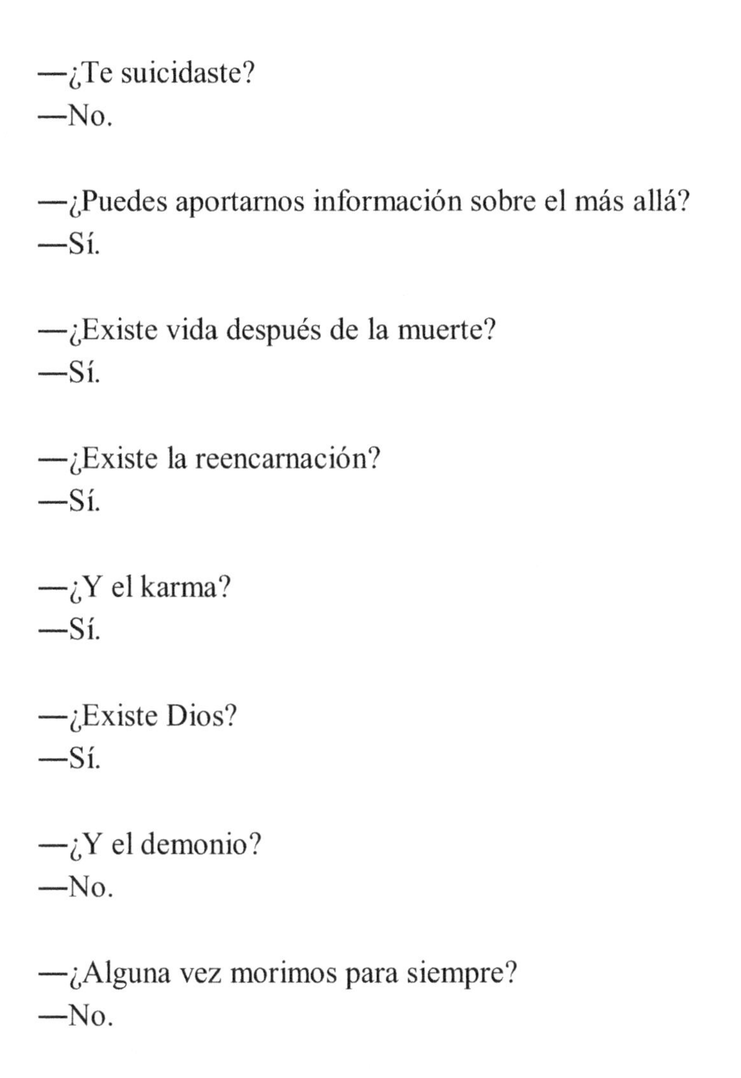
—¿Te suicidaste?
—No.

—¿Puedes aportarnos información sobre el más allá?
—Sí.

—¿Existe vida después de la muerte?
—Sí.

—¿Existe la reencarnación?
—Sí.

—¿Y el karma?
—Sí.

—¿Existe Dios?
—Sí.

—¿Y el demonio?
—No.

—¿Alguna vez morimos para siempre?
—No.

En este punto de la conversación el péndulo dejó de funcionar. Según la teoría de Gabriel, la entidad tuvo que marcharse o se quedó sin energía para seguir manifestándose.

Tengo que reconocer que me pareció un sistema de contacto muy curioso y divertido, me lo pasé genial aquella jornada de investigación. Lo que no tengo tan claro es que pueda ser tan fiable como me dijo este hombre. ¿Qué opinan ustedes? Según tengo entendido, hay muchas personas que suelen usar péndulos para cuestiones espirituales, esotéricas y paranormales. Igual me animo a experimentar con este método y les cuento qué tal me ha ido en próximos libros. Seguro que le da un aire fresco a las obras, a la vez que me divierto ejerciendo esta técnica tan novedosa para mí.

Juanita

A nuestra siguiente protagonista la conocí mientras paseaba por Vallparadís. La mujer me reconoció, porque el día de antes había salido un artículo en el Diari de Terrassa donde se hablaba de uno de mis libros. Juanita me dijo que estuvo como empleada en el viejo sanatorio cuando éste se encontraba en pleno funcionamiento. Aseguró que por aquella época apenas existían rumores sobre cosas extrañas en el edificio, sin embargo, los empleados del turno de noche llegaron a comentar en varias ocasiones sucesos un tanto extraños, como los que pueden acontecer a día de hoy en cualquier hospital.

Cuando conocí a la ex empleada del Tórax ya no se podía acceder al edificio, al menos yo no tenía el permiso de los vigilantes, porque los que trabajaban antiguamente ya no estaban. De todas formas pude mantener una extensa charla con esta amable señora, en la cual me contó que hacía unos meses pudo visitar el hospital. Juanita se describe como alguien sensitiva, a pesar de que esta capacidad no es permanente ni la puede controlar.

Paso a transcribir parte de la entrevista que mantuve con ella.

—¿Cuándo trabajaste en el hospital ya eras sensitiva?

—Sí, por aquella época se empezó a despertar esta capacidad en mí.

—¿Llegaste a ver cosas extrañas?

—Muchas, pero entonces no era como ahora; si comentaba algo a mis compañeros me habrían tomado por una loca y mi trabajo habría pendido de un hilo. Creo que éste es uno de los motivos por los cuales no se extendió el rumor de que allí sucedían cosas extrañas.

—¿Qué es lo más fuerte que viviste?

—Llegué a ver a una persona ahorcada, también presencié cómo algunas personas se lanzaban por las ventanas. Fueron momentos muy duros que incluso a día de hoy se me vienen las imágenes a la cabeza.

—¿Y en el tema paranormal qué fue lo que más te impactó?

—Una noche vi cómo varios objetos de la cocina salían volando a gran velocidad. Aquello también me causó un gran impacto. De hecho, tenía una amiga que trabajaba en ese departamento y me comentó en varias ocasiones que las luces se apagaban y se encendían solas y el grifo se abría y se cerraba sin causa aparente.

—Y cuando visitaste hace unos meses el sanatorio, ¿qué viste o notaste?

—Hay mucho sufrimiento acumulado entre sus muros, además de muchos espíritus de personas allí dentro. Algunas de estas entidades son de niños, y otras de ancianos, apenas hay personas de mediana edad. El lugar necesita ventilarse a nivel energético.

—¿Ventilarse?, ¿te refieres a una limpieza energética?

—Sí, pero no me gusta usar esa frase porque existe mucho fraude al respecto, por eso lo digo de otra manera, pero sí, a eso me refiero.

—¿Cómo se debería ventilar?

—Ayudando a esos espíritus a dejar este mundo. Aunque es algo complicado, porque para eso tendrías que comunicarte con ellos, y no todo el mundo puede hacerlo. Luego hay otro factor a tener en cuenta, y es que algunos de ellos no se muestran receptivos a la ayuda, ni siquiera te escuchan, por lo que se hace muy difícil poder ayudar tanto como te gustaría.

—¿Cómo resumirías lo que hay actualmente en el Tórax?

—Te diría lo mismo que antes, hay mucho sufrimiento acumulado y una gran cantidad de espíritus atrapados en ese lugar, que son en la mayoría de casos los que producen las manifestaciones paranormales que comenta la gente.

Ésta ha sido una de las entrevistas más sensatas que he tenido con personas que aseguran poseer capacidades especiales para contactar con otras realidades. ¿Qué opinan ustedes?, ¿coincidimos en este aspecto?

Pablo

Nuestro siguiente personaje es un tipo tremendo que, me sorprende mucho por su forma de actuar y pensar. Imparte cursos de todo tipo dentro del esoterismo, la espiritualidad y el misterio. Hace unos días, antes de comenzar a escribir este capítulo recibí la noticia de que impartía un nuevo curso avanzado de Parapsicología, en el cual uno de los puntos a estudiar era la ouija. Aquella noticia me cayó como un jarro de agua fría, porque Pablo es totalmente reacio a practicar la ouija, de hecho, se negó de forma rotunda a mi propuesta de llevar a cabo una sesión en el hospital hace años. Quizá en este tiempo que hacía que no lo veía se había iniciado en su práctica y por eso la incluía en el curso como enseñanza, pensé tras asimilar lo que acababa de leer, por lo que quise preguntarle, pero la respuesta fue evidente. Como siempre, decía que nunca la había practicado porque era un juego muy peligroso. Le dije lo que pensaba, que no me parecía bien que sin experimentar con un método de comunicación fuese de experto en la materia y mucho menos de profesor, porque lo único que estaba haciendo con su actitud era alimentar el desconocimiento en los demás, ya que sus afirmaciones no eran objetivas, sino extraídas de sus creencias y, por tanto, totalmente subjetivas. Imagino que sabréis cómo fue su reacción... este tipo de personas suelen tener demasiado ego, tanto que no dejan que se cuestione que sus creencias son sólo eso: creencias.

La ouija es un sistema de contacto espectacular, pero nada terrorífico, como venimos leyendo en el libro, sin embargo, personas como Pablo alimentan el pánico desde su ignorancia más profunda, y además ejercen de profesores sobre esta materia; algo que me enfada mucho, porque las inteligencias que hay al otro lado y que se manifiestan a través de este sistema no se merecen ser tratadas como entidades oscuras, malignas o monstruosas; es totalmente injusto que por culpa de los ignorantes tengan puestas etiquetas tan nefastas.

Con Pablo lo que hice fue dar una vuelta por el hospital para que él me trasmitiera sus sensaciones, pero leído lo leído, creo que su testimonio carece de seriedad y rigor, ¿no creen? De todas formas resumiré sus sensaciones sobre el lugar. Me explicó que el Tórax está lleno de almas en pena; personas que murieron en el hospital y que tienen cuentas pendientes en este mundo, por eso siguen allí, buscando ayuda para cerrar estas cuentas pendientes. Una vez zanjado estos asuntos necesitarían la ayuda de personas como él para pasar al otro lado.

La versión de Pablo se ciñe a la más popular de todas, por lo que considero que tras analizar mis entrevistas con él, este hombre es de los menos fiables que me he encontrado a lo largo de mi vida dentro del misterio. Siento pena y tristeza por sus alumnos, porque terminarán los cursos siendo mucho más ignorantes de lo que eran antes de comenzarlos. Pero lo más triste de todo es que se creerán poseedores de la verdad más absoluta, lo que provocará que nuevas personas se sumen al carro de alimentar el miedo sobre temas como la ouija, sin ser conscientes de que las inteligencias que hay al otro lado no son tan malvadas como ellos creen.

Las experiencias más significativas con personas supuestamente sensitivas en el sanatorio han sido variadas como acaban de leer. No sé qué opinión tendrán ustedes al respecto, pero yo tengo claro que alguna de ellas sí podrían tener cierta capacidad sensitiva, aunque otras no creo que posean ningún don, más bien lo que les caracteriza es el afán de protagonismo o, quizá algo mucho peor. No pretendo dañar a nadie con mi forma de ver y entender estos temas, por eso, como ya he comentado en varias ocasiones, he omitido muchos nombres reales y cambiado datos para proteger el anonimato de algunas personas. Lo importante es comprender el concepto y el trasfondo de lo que explico, indiferentemente de cómo se llamen las personas implicadas.

Ahora, cambiamos de tercio y nos desplazamos a los aledaños del hospital del Tórax. Fueron muchas las noches que pasé con los vigilantes en esa zona externa, en las cuales ocurrieron cosas de todo tipo, algunas sorprendentes.

Noches con los vigilantes

El hospital del Tórax se convirtió en un lugar referente para los amigos del misterio y aquellas personas curiosas que deseaban experimentar sensaciones fuertes. Todo se magnificó después de que programas como Cuarto Milenio, Callejeros y Milenio 3, entre otros, pasaran por allí, lo que sirvió a la ciudad y al Parc Audiovisual como filón para ganar mucha popularidad. Además, en este lugar se han rodado muchas películas de terror, lo que bien podría ser un añadido para que futuros rodajes se realizaran en los set del hospital del Tórax. Todo era bueno y positivo en aquellos momentos y, los méritos del éxito eran para los de siempre: los poderosos. Pero poco después, cuando la fama llega a su punto más álgido, el lugar empieza a ser frecuentado por cientos de personas cada semana que deciden colarse en el lugar debido a la poca seguridad que había. Es en ese momento cuando los problemas empiezan a aparecer y lo hace también un nuevo personaje, concretamente éste que escribe. Los poderosos, que hasta ese momento se habían llevado los méritos de que el lugar tuviese tanto éxito, lanzan sobre mí una "maldición", la de ponerme la etiqueta de culpable sobre todo lo negativo que le sucede al Tórax; entre lo cual se incluye que la gente se cuele en el recinto. Se trasmite la idea a todo el mundo de que Miguel Ángel Segura tiene la culpa de que la gente se cuele en el hospital. Ante esta afirmación tan absurda me asaltan varias dudas, entre ellas las siguientes: ¿Segura ha sido quién ha concedido los permisos a la televisión?, ¿Segura era quién podía reforzar la seguridad o poner un muro alrededor del recinto para que nadie entrara?, ¿Segura es responsable de las acciones y comportamientos de los demás?, ¿Segura no tiene nada que ver en el éxito y la fama del Tórax pero sí en sus desgracias? Si alguien me puede responder a estas preguntas estaría encantado de escucharlas. Además, programas como Cuarto Milenio, Callejeros, Comando Actualidad, Milenio 3, etcétera, han visitado cientos de lugares similares al Tórax, ¿por qué sólo aquí ha habido este aluvión de gente colándose? ¿Quizá es que ha interesado que la gente se colara para que el sitio ganara popularidad?, ¿y para quitarse presión hayan dicho que la culpa era mía? La verdad, no lo sé, hablo por hablar desde mi ignorancia. Quizá el motivo haya sido que simplemente no se han preocupado de la seguridad del recinto como lo han hecho en otros edificios con misterio. Tampoco sé si ésta es la clave, lo que sí sé, es que yo no soy el responsable, y que si en el resto de lugares donde han acudido estos programas de televisión y otros similares no ha ocurrido lo mismo que en el

Tórax es porque algo no se ha hecho bien en el sanatorio. Ahora, lo fácil es culpar al más débil, en este caso a mí, al que ha sido el último mono del circo. Yo ni siquiera tramité los permisos, ni estuve en medio de las negociaciones; a mí me llamaron cuando lo tenían todo atado para contar conmigo para los reportajes, sino hubiese aceptado participar lo habrían hecho con otra persona, pero los programas se habrían grabado igual. Juzguen ustedes que son imparciales, ¿tengo entonces yo la culpa?

Pasé muchas noches con los vigilantes en los exteriores del recinto intentando concienciar a la gente de que no se colasen en el edificio, pero sobre esto nadie dice nada.

Ahora vamos a conocer algunas de las noches que pasamos en los aledaños del hospital.

Fotos al vigilante

Una de las cientos de noches que pasamos en la puerta del recinto, concretamente en el trozo de carretera que hay junto a la valla que da acceso al Parc Audiovisual, nos encontramos con un suceso digno de reseñar que, seguro les parecerá apasionante. El vigilante que estaba aquella noche trabajando, había sacado a un grupo de personas que se habían colado en el recinto. Al parecer, mientras salían del edificio acompañados por el empleado de seguridad, los jóvenes comenzaron a hacerle fotos, apareciendo en las imágenes unas luces muy extrañas; eran como cuerdas de luz blanca que rodeaban los brazos del vigilante o el cuerpo entero, dependiendo de la instantánea. Lo que pensaron los jóvenes era que alguna energía de luz protegía al hombre y por ese motivo aparecían en las fotos rodeando su cuerpo. Fueron varias las imágenes lanzadas en el interior del edificio en las cuales salía la curiosa escena.

Otra noche sucedió algo similar cuando intentaron fotografiar al mismo empleado de seguridad, pero en aquella ocasión el hombre salía borroso, por lo que le comentaron la anécdota y éste se dejó fotografiar nuevamente. ¿Qué creen que sucedió?. Efectivamente, nuevamente salía borroso, pero lo más extraño es que el resto de personas que aparecían en las imágenes salían perfectas; se cambiaron de posición, de lugar, hicieron todo tipo de pruebas y siempre ocurría lo mismo: salía el vigilante borroso.

Seguro que muchas personas que han trabajado como seguridad del recinto y que no han tenido experiencias extrañas, dirán que esto no es cierto. Yo les recomendaría que si conocen a los antiguos empleados les preguntaran a ellos. No voy a dar nombres, pero seguro que si indagan un poco consiguen averiguar quién es el protagonista de esta historia.

Lanzan objetos a los vigilantes

La maldad humana en ocasiones no tiene límites, prueba de ello son las situaciones por las cuales han pasado algunos de los antiguos vigilantes del turno de noche. La desfachatez de algunas personas ha sido brutal, llegando a cometer acciones terribles contra los empleados.

Con uno de los trabajadores que más amistad llegué a tener vivimos situaciones extremas, incluso rozando la gravedad más absoluta como es el hecho de que la vida del vigilante corriera serio peligro. Fueron varias las noches que le lanzaron desde las últimas plantas del edificio todo tipo de objetos, desde pantallas de ordenador, hasta tazas de váter y otros objetos muy pesados. La suerte es que nunca le llegó a impactar ninguno de ellos, sino ahora mismo este hombre que, por cierto, es una bellísima persona, estaría muerto. La gente está fatal de la cabeza; vivimos en una sociedad donde la demencia y los rasgos psicópatas abrazan al ser humano como los halos de luz protegían al vigilante en aquellas extrañas fotos. Por eso, siempre digo que le temo a los vivos y no a los muertos. Luego algunos sienten pánico por la ouija y los fantasmas, pero se codean con el ser humano, que suele ser lo más peligroso y despreciable que hay sobre la faz de la Tierra.

Durante varias noches estuvieron apedreando a los vigilantes de ese turno, incluso los malhechores se distribuyeron en varios grupos alrededor de la caseta de vigilancia, escondidos en la zona boscosa que hay detrás y al lado, para lanzar piedras contra los empleados cuando estos salían a hacer la ronda, pero la cosa fue más allá en días posteriores, cuando al parecer habían controlado los movimientos de los trabajadores, sabiendo que siempre se sentaban junto a la ventana principal porque allí tenían la televisión. Así que, ni cortos ni perezosos, una noche lanzaron una piedra con extrema violencia que atravesó el cristal e impactó contra la pared que hay al final de la caseta. Suerte que en ese momento el vigilante no estaba sentado junto a la televisión, había ido a la nevera a buscar una botella de agua, y la piedra le pasó a unos centímetros de su cabeza, si no, le habría causado daños mayores.

Como vemos, algunas personas se han pasado de la raya, hasta tal punto que entiendo que los vigilantes estén muy cabreados con que la gente se cuele, pero seamos sensatos, quienes han vivido las mayores atrocidades han sido los antiguos empleados, con los que he forjado una profunda amistad, a pesar de que haga años que no los veo. Y si ellos nunca me echaron la culpa de que la gente se colara, es por algo, ¿no creen?, ¿quizá porque no la tengo? Por eso, me resulta curioso que algunos vigilantes actuales que, ni siquiera me conocen, crean que soy poco más que un monstruo y responsable de las acciones de los demás. Si a día de hoy se quejan por las cosas negativas que tienen que aguantar con la gente, me gustaría haberlos visto antes, cuando sus compañeros han tenido que aguantar insultos, agresiones, amenazas, destrozos y muchas más cosas.

La Policía saca a los intrusos

Por desgracia, se ha necesitado la intervención policial en numerosas ocasiones para sacar a los intrusos que se habían colado en el sanatorio. Es una lástima, realmente, porque a altas horas de la noche, y en los tiempos que corren, seguramente los agentes harían más falta patrullando las calles que sacando individuos de un edificio en desuso. Pero las circunstancias han querido que un número incontable de ocasiones la Policía haya tenido que estar presente en estos desalojamientos. He sido testigo de muchos de ellos, viendo desde el exterior del recinto cómo sacaban a las personas que se habían colado. En ese aspecto hay que darle un diez tanto a la Policía Local de Terrassa como a los Mossos d´Escuadra porque siempre que han sido reclamados han acudido en tiempo récord a la llamada de los vigilantes, sobre todo cuando estos se encontraban en una situación complicada. Podría relatar muchas anécdotas sobre estas intervenciones policiales, pero me quedo con algo que me sorprendió por encima de todo, y es la actitud empleada por los agentes para lidiar con las situaciones, haciendo entender a los intrusos que no podían volver a colarse porque aquello era una propiedad privada. Quiero recalcar esto, sobre todo ahora que parece que está de moda acusar a la Policía de actuar con violencia o fuerza desmesurada; porque en el Tórax, a pesar de que han tenido que ir muchas veces, algunas incluso para enfrentarse a personas poco amistosas, el trato empleado que yo, personalmente, he presenciado hacía las personas expulsadas del recinto ha sido magnífico e intachable por parte de los agentes de policía. Me siento orgullo de tener una Policía así en nuestra ciudad, y no como la que me encontré en Gavá una mañana junto a mis compañeros Carlos y Xavi, donde recibimos incluso amenazas de que si volvíamos por el municipio nos harían comer el marrón de otro. Recuerdo que incluso golpearon el coche del padre de Carlos con la porra, y como si fuésemos delincuentes nos hicieron ponernos las manos en la cabeza. Esto ocurrió porque nos encontraron fuera de un cuartel abandonado, al otro lado del muro, en un camino público... mi pregunta es, ¿si en vez de ser las doce de la mañana y estar fuera de la propiedad privada hubiesen sido las doce de la noche y hubiésemos estado dentro qué habría pasado? No quiero ni imaginarlo...

Mil y una historias

Anécdotas sobre lo paranormal he escuchado mil y una de boca de los propios testigos durante las noches que pasé en los aledaños del recinto junto a los vigilantes, mientras intentaba, como he dicho antes, concienciar a la gente de que no se colase.

Quiero exponer brevemente algunas de esas experiencias. Una tarde el vigilante tuvo que acudir al rescate de una chica que presa del pánico se había quedado en el interior del edificio cuando tras escuchar ruidos extraños sus compañeros salieron huyendo, incluso su propio novio; dejándola allí sola y paralizada debido al miedo. Tuvo que ir el empleado de seguridad a sacarla de allí, porque los compañeros de la joven no se atrevían a entrar a buscarla, por lo que fueron hasta la garita de vigilancia y avisaron al trabajador. La muchacha salió pálida, asegurando que muchas sombras llegaron a rodearla. Seguramente el miedo hizo estragos en su cabeza produciéndole una extrema sugestión. Tampoco descarto otra posibilidad, aunque sea menos probable, de que realmente esas sombras se manifestaran; en el Tórax todo es posible, hasta lo menos probable.

En otra ocasión similar, un grupo salió corriendo y, según me contó el vigilante, una chica se cortó con unos cristales rotos, incluso tuvieron que avisar a los servicios de emergencia porque algunas heridas eran profundas. Y es que si a un lugar abandonado le añades una situación de histeria colectiva, se puede formar un cóctel explosivo y muy peligroso.

Otros testigos me han relatado cómo han registrado psicofonías, han escuchado voces en directo, han visto extrañas presencias, han fotografiado cosas inexplicables, incluso me han explicado que han sentido cómo alguien los tocaba o los llamaba por su nombre. También el hecho de que los aparatos o los teléfonos funcionen mal ha sido protagonista en muchas ocasiones. Me he topado con muchos testigos que al salir del lugar me han relatado sus vivencias o, personas que habían entrado anteriormente y recordaban impactadas momentos muy intensos.

En definitiva, he pasado innumerables noches en los alrededores del recinto en las cuales he conocido muchas historias de todo tipo; siendo posiblemente, junto a los antiguos vigilantes, la persona que mejor conoce el lugar y sobre todo sus anécdotas.

Ahora vamos a conocer algunas historias que nos contó en su día el mentiroso compulsivo.

Mentiroso compulsivo

Hay personas que tienen un serio problema respecto a inventarse cosas, creo que esto debe ser una patología o enfermedad conocida por los expertos en la materia, por lo que mi intención no es ni mucho menos la de querer perjudicar a esta persona, aunque haya actuado de forma irresponsable en algunos casos y con mucha maldad en otros, porque algunas de sus mentiras han tenido como fin hacer daño a terceros, entre los cuales me podría incluir yo mismo. La cuestión es que este hombre trabajaba de forma muy puntual en el hospital del Tórax, en ocasiones como vigilante, y otras haciendo ronda como patrulla. Me contó experiencias tremendas, algunas dignas de cualquier película de terror; de las cuales llegué a explicar en diferentes medios de comunicación varias de ellas, ajeno a que detrás de su mirada bondadosa se escondía un mentiroso compulsivo.

Para que se hagan una idea de cómo era este hombre, siempre presumía de estar separado, no sé si lo decía para ligar con las chicas que se acercaban por allí o simplemente porque tenía la necesidad de mentir. La cuestión es que por casualidades del destino, una amiga que tengo, resultó ser amiga de la esposa de este hombre, el cual no está separado, vive felizmente con su mujer y sus hijos. Fue entonces cuando me planteé que podría estar mintiendo también en otras cuestiones y, tomé la decisión de preguntar a sus compañeros de trabajo, los cuales se reían mientras me explicaban que el personaje es un mentiroso de cuidado. Una vez se rompió la mano al hacer un mal gesto e iba diciendo que le había pegado a un tipo. En fin, estamos ante un mentiroso compulsivo en toda regla.

Vamos a conocer algunas de sus supuestas mentiras. No digo que todo sea incierto, pero tampoco pongo la mano en el fuego porque sea verdad.

Emulando a los suicidas

Una de las primeras historias que me contó al poco tiempo de conocerlo fue asombrosa, tanto que durante unas semanas estuve explicándola a personas de mi entorno cercano, pero hubo algo que me extrañó tiempo después cuando empecé a cotejar datos ante mi gran duda de hasta dónde me había llegado a mentir este señor. Les cuento la historia y reflexionamos sobre ella, ¿les parece bien?

Me explicó que en la planta nueve habían muchos maniquís que formaban parte de los restos de una película que se había grabado, y que tanto él como su compañero subían a la planta y cuando la gente se colaba por la Jungla lanzaban un maniquí desde la ventana y chillaban imitando el grito de un suicida, para ver cómo los intrusos salían de allí corriendo despavoridos. Nunca he llegado a ver maniquís en el hospital, y otros vigilantes me han comentado que ellos tampoco los han visto, por lo que parece que toda esta historia no es más que una supuesta invención de este personaje. Por otro lado, si fuese real sería una barbaridad, ya que emular un suicidio para asustar a la gente es algo de muy mal gusto y una tremenda falta de respeto para aquella personas que fallecieron de este modo en el sanatorio, por no hablar de las consecuencias que puede tener presenciar la escena del maniquí cayendo de la ventana para quienes estaban abajo en el patio. Seguramente, más de uno podría sufrir una crisis importante al presenciar el falso suicidio. Considero, por consiguiente, que tanto si la historia es real como si no lo es, demuestra la falta de ética y los valores tan equivocados que tiene este individuo.

La Capilla prende en llamas

Otra historia sorprendente, la cual creo que me contó con medias verdades, hace referencia a un incendio provocado en la Capilla, aunque a día de hoy, tengo serias dudas de que tenga más de un diez por ciento de realidad aquella experiencia que me relató hace años y que quiero compartir con todos ustedes.

Días antes de que ocurriera el incendio, se produjo una agresión a un vigilante según me explicó este hombre. Al parecer, su compañero vio a varias personas que se habían colado por la parte trasera del recinto, así que fue en busca del grupo para invitarles a abandonar el lugar, pero lo que desconocía el vigilante es que aquellas personas tenían otros planes. Se escondieron en la casa que hay al lado de la Capilla y con bates de béisbol agredieron al trabajador que, por suerte, pudo escapar de la emboscada. Días más tarde, dos personas se colaron entrando en la Capilla, y nuestro protagonista en este capítulo fue en busca de los individuos con la valentía que le caracteriza, al menos, de la que él presumía cada vez que explicaba batallitas. Al entrar en la Capilla no vio a los intrusos y pensando que podían estar en los pequeños cuartos que hay donde estaba antiguamente el altar, se dirigió hasta allí, cuando de repente escuchó cómo se cerró la puerta, a la vez que un líquido empezó a impregnar el suelo de la Capilla... instantes después ese líquido comenzó a arder y con él varias cosas que habían a su paso. Me explicó que la puerta la atrancaron desde fuera y no se podía salir, así que tuvo que sacar fuerzas de donde no las tenía para romper unos barrotes de hierro de una ventana trasera y poder salir de allí. Después llamó a los bomberos que tuvieron que acudir para sofocar el incendio, incluso me explicó semanas posteriores que, había entrado con un compañero y que a éste tuvieron que ponerle oxígeno los servicios de emergencia, mientras que a él, no le pasó nada porque estaba preparado para situaciones límite.

Lo primero que me extrañó es que cambió su versión, una vez me dijo que entró solo y posteriormente me contó la misma historia sumando a ella un nuevo testigo.

Cuando le expliqué a sus compañeros lo que me había contado, se pegaron un buen rato riendo a carcajada limpia y diciendo que este personaje era el fantasma más grande que había en el sanatorio, por lo que creo que su historia es poco creíble, a pesar de que a mí me convenció de ella e, incluso, comenté el suceso en un programa de radio. Es una pena que gente como ésta contagien de mentiras a los demás.

Huyendo de un grupo satánico

Si las historias anteriores les han parecido dignas de cualquier película de acción, agarren bien el libro porque de ésta se podría sacar otro buen guión.

El personaje en cuestión estaba haciendo la ronda con el vehículo de su empresa junto a un compañero. Dieron la vuelta por el sanatorio y luego se acercaron a pocos metros del recinto donde tenían otra empresa a su cargo. Fue en este lugar donde se toparon con una escena terrorífica. Entraron al edificio y se encontraron a un grupo de diez o doce personas, con ropa negra y encapuchados que estaban de rodillas en el suelo formando un círculo con varios animales decapitados en el suelo. Al verlos, los vigilantes gritaron al grupo preguntándoles que si no sabían que aquello era una propiedad privada. La reacción de la secta satánica fue coger sus cuchillos, hachas y espadas para salir corriendo hacia los vigilantes, los cuales se subieron en el coche y a toda velocidad emprendieron el camino dirección al hospital, mientras tanto uno de ellos llamó a la Policía porque el grupo se subió en varios vehículos y los siguieron hasta el hospital, donde oliéndose que la policía estaba a punto de venir, se dieron media vuelta y desaparecieron.

El vigilante me dijo que tras aquel suceso los agentes de policía hablaron con su jefe para que los cambiara de servicio, porque al parecer estos grupos cuando ocurre algo así buscan a sus presas durante un tiempo para terminar con ellos, sobre todo si les han visto la cara, como fue este supuesto caso.

Hablé con varios compañeros de este hombre y ninguno tenía constancia de este suceso, por lo que tampoco puedo darlo por auténtico, sobre todo con los antecedentes que tiene este hombre a la hora de disfrazar la realidad.

Una noche de investigación

El intrépido y atrevido vigilante me pidió que me adentrara con él al edificio para grabar psicofonías; quería experimentar el fenómeno, así que nos ubicamos en una de las plantas superiores, no recuerdo exactamente en cuál de ellas. Aunque esto es lo que menos importa ahora, lo relevante es lo que sucedió aquella noche. Captamos varias voces interesantes y muy claras; el empleado no daba crédito a lo que sus oídos habían escuchado. Se notaba que se estaba asustando, aunque como siempre, quería presumir de valiente. Recuerdo que apreté el ritmo a la hora de bajar la escalera para ver su reacción... sólo le faltó correr cuando vio que estaba quince o veinte peldaños por debajo de su posición. Días después de la experiencia contaba asombrado los resultados de aquellas horas de investigación, presumiendo de que en ningún momento tuvo miedo, sin embargo, puedo dar fe de que no es del todo cierto, en determinados momentos su rostro era un auténtico poema, sobre todo al escuchar las grabaciones realizadas.

En la biblioteca desmienten sus afirmaciones

Los más escépticos e ignorantes siempre han justificado las psicofonías diciendo que eran voces de los residentes que habían entonces en la Pineda, pero eso era imposible, ya comentamos en capítulos anteriores el motivo por el cual no es posible. Les comento esto porque nuestro hombre me dijo en varias ocasiones que por la noche tenían sedados a los residentes de la Pineda. A mí me extrañó que todos estuviesen sedados, pero él me confirmó que era así. Yo sabía que tenía confianza con trabajadores del centro de disminuidos psíquicos, incluso tenía constancia de que algunas noches había ido a hacer alguna ronda por allí, sobre todo cuando se había colado gente. Por eso, en esta ocasión confié en él, pero en el año 2012, cuando utilicé este argumento en la Biblioteca Central de Terrassa para explicar que las psicofonías no eran voces de los residentes de la Pineda, quedé como un ignorante gracias a haber confiado en este vigilante, puesto que en la sala se encontraban varios trabajadores del centro y me desmintieron estas afirmaciones. No obstante, utilicé este argumento como simple complemento a las explicaciones vertidas en capítulos anteriores donde dejo claro los motivos por los cuales estas voces paranormales no tienen nada ver con las de la Pineda.

El túnel de la bóveda

En la parte trasera del hospital, fuera del recinto del sanatorio, hay unos restos de edificaciones que pertenecían a una antigua bóveda. Actualmente lo están demoliendo todo, pero queda intacto, aunque no sé por cuánto tiempo, el famoso túnel de las lamentaciones. Este lugar forma una especie de «U» con dos pasillos pronunciados, uno a cada lado.

Han sido muchas tardes y algunas noches las que he pasado investigando ahí; hemos acudido en eventos y en investigaciones privadas, calculo que habré estado en ese lugar con más de medio centenar de personas distintas entre las diferentes jornadas. Algunos momentos han sido apasionantes, donde lo imposible se ha manifestado en nuestros aparatos e, incluso, hemos presenciado fenómenos en directo, como ver sombras, percibir presencias o escuchar como un detector de movimiento saltaba de forma incontrolada ante una pregunta muy especial.

Comencé a interesarme por este caso debido a una información recibida por un compañero periodista de Matadepera que, me contó unos rumores que le habían llegado sobre fenómenos extraños en el lugar, concretamente me habló de extrañas teleplastias con forma de caras. Investigué la zona pero nunca hallé esos rostros, eso sí, descubrí este túnel que me ha llenado de experiencias y emociones.

Voy a explicar algunos de los momentos más interesantes que he vivido en este lugar.

Experiencias en el túnel

Organizamos un evento memorial sobre el hospital del Tórax, en el cual acudimos al Llac petit, ubicado a quinientos metros del mítico sanatorio, desde donde el majestuoso edificio se ve perfectamente. Allí charlamos de todos estos temas que tanto nos gustan y, posteriormente, nos acercamos hasta el túnel de la bóveda para realizar una investigación a nivel psicofónica. Registramos psicofonías muy interesantes y algunos de los presentes aseguraron ver una sombra que se movía al final de uno de los túneles. Recuerdo que algunas de las voces que registramos eran infantiles y sobrecogedoras. Lo más extraño, sin embargo, fue la sombra negra con forma humana que describieron algunos de los presentes.

En otro evento organizado, concretamente en «La ruta por la Barcelona extraña», regresamos a este lugar y, nuevamente, experimentamos con el tema de las voces paranormales. Aquella tarde se registraron algunas psicofonías, pero lo más impactante sucedió cuando algunos aparatos de los asistentes comenzaron a quedarse sin batería; todos aseguraron que llevaban los equipos cargados a tope de batería. También, Aurora vivió una situación extraña con su cámara fotográfica en la cual no podía lanzar la instantánea; al parecer, el aparato se bloqueaba en algunos puntos concretos y no permitía que la propietaria de la cámara pudiese fotografiar el interior del túnel.

Otro hecho destacado es que algunos de los presentes comenzaron a ponerse algo nerviosos porque se veía una silueta negra que parecía moverse. La verdad es que tenía forma humana, yo mismo pude verla, incluso se le veían perfectamente los pies. Aquello me sorprendió porque la supuesta aparición estaba durando varios minutos seguidos y eso no es normal, así que me dispuse a indagar en el tema y me acerqué hasta la posición de la sombra. Allí me di cuenta de que todo tenía explicación. Por un lateral entraba un poco de luz del exterior, la cual daba de lleno sobre dos piedras que había en el suelo, las cuales provocaban que el reflejo de la luz generara una curiosa forma que parecía humana, pero en este caso, el fenómeno nada tuvo que ver con lo paranormal.

Mi consejo es que siempre intenten buscar la parte racional de las cosas, porque en algunos casos donde creemos que hay misterio sólo existe confusión.

La experiencia más fuerte que he vivido en este lugar ocurrió una noche sobre las cuatro de la mañana, cuando me encontraba con una amiga y un amigo. Colocamos un detector de movimiento y comenzamos a grabar psicofonías con una grabadora que también nos acompañó. Al principio todo era tranquilo, aunque tras una pregunta clave se desató un tormento de fenómenos... Mi amigo empezó a percibir presencias en el lugar y planteó la pregunta clave: «¿conocéis a Dios?». Acto seguido, el detector de movimiento comenzó a pitar una y otra vez de forma continua sin que pudiéramos reaccionar ante aquel suceso, hasta que mi compañero pidió a las entidades que parasen... entonces, el detector dejó de sonar.

Esta zona externa es lo único accesible y con misterio que queda cerca del Tórax, aunque no podemos olvidarnos del Llac petit, pero esta localización es otra historia.

Ahora paso a transcribir una sesión de psicofonías y otra de ouija que realicé recientemente en el lugar como complemento para este capítulo del libro. Comenzamos por las psicofonías.

—¿Buscáis a Dios?

—La luz.

Me impactó tanto el momento en el que se volvió loco el detector tras la pregunta que mi compañero formuló sobre Dios que, tuve que plantear otra similar para ver qué respondían las voces. La contestación es muy interesante porque refleja una de las teorías más valoradas sobre la trascendencia de la muerte al nuevo mundo donde supuestamente se traslada nuestro espíritu. ¿Realmente existe esa luz? Parece ser que sí o, al menos, eso cree la voz que aquella jornada se comunicó con nosotros mediante la grabadora.

—¿Habita alguna entidad aquí?

—Somos nosotros.

Era evidente que en ocasiones nos habíamos encontrado con inteligencias en el interior del túnel, pero tenía una duda, y era saber si habitaban allí o iban y venían por algún motivo, así que decidimos plantear varias preguntas al respecto, de las cuales conseguimos registrar una respuesta clara y concisa, en la cual nos dejaban claro que sí habitaban algunos seres. La incógnita ahora es saber por qué están allí y quiénes son. ¿Tienen ustedes respuesta a esta pregunta? Yo, lamentablemente, no la tengo, pero sigo intentando hallarla; soy muy pesado, así que seguiré insistiendo.

—¿Ha ocurrido alguna tragedia aquí?

—Mentiras.

No tenía constancia de que en el túnel hubiese sucedido algo trágico, sin embargo, era una pregunta obligada que quise formular a la voces, sobre todo para que aquellas personas que lean el libro y valoren la teoría que une a estos fenómenos con lo trágico pudiesen sacar sus conclusiones. La respuesta deja claro que nunca ocurrió una tragedia, por lo menos según tiene constancia esta inteligencia.

—¿Te molesta que venga gente?

—No.

Una de las preguntas típicas que suelen formular los investigadores y curiosos del tema psicofónico va enfocada en saber si molestan a las voces con su presencia. No entiendo muy bien qué concepto tienen estas personas sobre el más allá, pero intuyo que creen que todo lo que habita en ese otro lado es maligno u hostil, sin embargo, para nada es cierto. Como en todos los caminos de la vida, en el otro lado podemos toparnos con inteligencias más amables o menos, pero ni de lejos pienso que estas entidades sean hostiles, al menos la inmensa mayoría. La prueba la tienen en las comunicaciones que estamos conociendo en este libro. Espero que tras leer la obra tengan un concepto menos negativo de los fenómenos paranormales.

—¿Por qué están tirando la bóveda?

—Viene gente.

Desde hacía meses estaban tirando poco a poco los edificios que conforman la bóveda, pero realmente desconocíamos el motivo. Algunas personas especulaban con que los propietarios querían construir algún tipo de edificación en la zona, otras personas aseguraban que la llegada de visitantes en busca del misterio había provocado un estado de alarma y para evitar que el lugar se convirtiera en zona de peregrinaje habían tomado la decisión de derruirlo. Todo eran especulaciones, así que optamos por preguntar a las voces para que nos sacaran de dudas. La respuesta fue clara y concisa.

—¿Tienes algún mensaje para el libro?

—No somos malos.

Formulé varias preguntas enfocadas en este sentido, concretamente para plasmar algún mensaje en estas hojas que las entidades quisiesen darme de forma expresa para compartir con todos ustedes, por lo que tuve que preguntar en numerosas ocasiones aquella noche hasta obtener una respuesta que se pudiera interpretar bien. La voz me dejó claro que no eran malos, y así lo expongo en el libro ante su propia petición, para que todos ustedes tengan constancia de eso que siempre he defendido.

Conozcamos a continuación la transcripción de la sesión de ouija que presenciamos durante la noche, la cual fue muy enriquecedora y entretenida. Con este asunto damos por concluido el capítulo.

—Buenas noches, ¿alguien se quiere comunicar con nosotros?

—Hola.

—¿Quién eres?

—Mi nombre no importa, pero mi historia sí.

—¿Cuál es tu historia?

—Fui un hombre con cierto poder, tuve varias empresas y estuve relacionado con temas financieros, pero un día mi vida cambió por culpa de ellos.

—¿Quiénes son ellos?

—Los de arriba, los que están por encima de los políticos y banqueros; esos que controlan el mundo.

—¿Qué te ocurrió?

—Por intereses económicos y políticos me metieron en la cárcel.

—¿Te acusaron de robar?

—No, fue peor, me acusaron de un doble asesinato. Esta gente tiene en su bando a jueces, abogados, políticos, banqueros, medios de comunicación y empresarios importantes.

—¿En qué año ocurrió esto?

—En la década de los noventa, pero no fue en España; ocurrió en mi Argentina natal.

—¿Y qué haces aquí?

—Cuando mueres no existe el espacio ni el tiempo. Ahora puedo estar aquí y dentro de un segundo en la otra parte del mundo.

—¿Te condenaron por doble asesinato siendo inocente?

—Sí, y esto ocurre mucho en todo el mundo, no sólo en mi país. Ni te imaginas el poder que tiene el gobierno a la sombra.

—¿Pero quién demonios son?

—Una serie de personas que tienen mucho poder y mucho dinero, tanto que tienen gente infiltrada o comprada en los estamentos más poderosos del mundo y en las empresas más importantes. Son quienes deciden sobre cómo debe funcionar el mundo.

—¿Por qué nos cuentas todo esto?

—Tenéis que trasmitir esta información al mundo, aunque cuando lo hagáis estaréis expuestos a un serio peligro, porque esta gente es capaz de todo, no les tiembla el pulso a la hora de matar a alguien o de destrozarle la vida. A mí me metieron en prisión.

—¿Entonces mejor callarnos, no?

—No, nunca ocultéis la verdad. La muerte no es el final del camino, el espíritu es inmortal, por lo que ellos os podrán silenciar en esta vida, pero no el resto de la eternidad, así que es importante que hagáis llegar el mensaje a la sociedad, porque sólo siendo conscientes de que ellos existen podréis combatirlos.

—Brutal la conversación, ¿todo el mundo tiene estas comunicaciones tan apasionantes con la ouija?

—Sólo aquellos que tienen que trasmitir el mensaje.

La sesión de ouija fue tremenda a todos los niveles, además se asemejaba con algunas que habíamos tenido en el interior del edificio. No sé si todo esto es real, pero lo que sí puedo asegurar es que mi sensación fue de total confianza hacía aquella inteligencia y, tengo que reconocer que creo a pies juntillas parte de esta historia, sobre todo lo del gobierno a la sombra, de hecho en varias de mis novelas hablo de esta organización que, considero el peligro más atroz para el ser humano. Son lobos con piel de cordero que venden una imagen de igualdad, paz y tolerancia, cuando en realidad son todo lo contrario y su objetivo es explotar y esclavizar al ser humano.

¿Les apetece conocer ahora varios testimonios reales de personas que han querido compartir sus experiencias en el hospital con todos ustedes?

Testigos reales

Hemos conocido a falsos testigos, ahora es el momento de empaparnos de algunos testimonios reales de personas que han querido compartir con todos ustedes sus experiencias a través de este libro. Les agradezco su valentía a la hora de exponer sus experiencias, puesto que sabemos que la sociedad no ve con buenos ojos estos temas. Dicen que somos freakes, colgados, iluminados, mentirosos o locos, pero perdonen que les diga, para mí el loco es aquél que vive dentro del mundo de ilusión que los poderosos han creado para poder controlarnos mejor. Prefiero que me consideren un tipo raro por no ver la televisión, ni seguir la actualidad informativa o que crean que vivo en un mundo de fantasía por reflexionar y analizar cuestiones que otros dan por hechas simplemente porque los han programado para ello, antes que ser una ovejita más del rebaño que hace, dice y piensa lo que ellos quieren.

Supongo que tanto las personas que han querido dar su testimonio como todos ustedes que tienen este libro entre las manos, pertenecen a este grupo de incomprendidos sociales con el que me identifico y formo parte de él.

Conozcamos algunos testimonios, ¿les parece?

Nadia B. B.

Recuerdo uno de los muchos días que íbamos al hospital del Tórax para hacer ruta con Miguel Ángel y más gente. Estuvimos en la planta número nueve donde hicimos una ouija y nos salió una "persona" que no recuerdo su nombre pero sí me acuerdo perfectamente cuando le preguntamos la edad y en una grabadora que teníamos registrando el audio de la sesión apareció una voz clarísima que decía treinta y nueve. En ese momento el miedo invadió mi cuerpo. Seguimos y fuimos a la casa del cura donde me fue imposible hacer fotos; fuera de esa estancia mi cámara estaba a tope de batería y dentro se descargaba. Cambié la batería por otra cargada y tampoco funcionaba; sucedía lo mismo. ¿Qué pasaba allí?

Luego entramos en la Capilla… ¡qué sensación más angustiosa!

Javier A.M.

Tenía unos 15 años cuando sucedió…éramos un grupo de amigos que visitábamos cada día de verano el sanatorio y llegó un punto en el que ya no nos daba miedo, hasta que un día nos pasó algo… antes de entrar hicimos una foto desde la parte trasera del sanatorio delante de un árbol y, en la imagen aparecieron dos caras. Mi amiga la borró por miedo a que le pudiese pasar algo. Algunos no le dimos mucha importancia en el momento de registrarla y cuando entramos al edificio no pasó nada extraño, fue al salir cuando grabamos psicofonías y aparecían junto a nuestras voces una respiración de fondo que no sé si podría ser el viento. Esto sucedió en el palomar que había antes en la parte trasera del edificio.

Al salir del recinto, mientras íbamos por la calle de asfalto que baja, una amiga rumana que no sabía aún muy bien hablar nuestro idioma dijo haber escuchado algo, y al darnos la vuelta vimos a lo lejos una figura blanca, pero blanca que destellaba, no era ninguna luz ni reflejo ya que era de noche… si nos deteníamos esa luz se paraba y daba vueltas en círculo; cuando avanzábamos, avanzaba ella... por miedo salimos corriendo… me acuerdo que esa noche no pude dormir, cada vez que cerraba los ojos se me venía aquella imagen a la cabeza y ahí fue cuando por rabia, por cabezón y por intentar descubrir que fue aquello me interesé por estos temas. Desde aquel día no me ha vuelto a pasar nada más, sólo una psicofonia que he grabado.

Juan M.M.

Creo que fue, no estoy seguro, antes del año 1.980, aún estaba estudiando EGB. Nos gustaba hacer novillos, aquel día íbamos al lago chico; pero antes entramos en el hospital, recuerdo que aún estaba activo, creo recordar que subimos a una planta que estaba en la parte de arriba. Íbamos allí porque estaba abandonada y cogíamos materiales que estaban en esta sala. Empezamos a jugar al escondite, yo me escondí al final del pasillo... pasaron unos cinco minutos cuando una enfermera salió de un box y me dijo con voz muy suave si venía a ver a algún familiar, yo le dije que sí, para que no me echara la bronca. La enfermera se metió otra vez en el box de donde salió. La cuestión es que no había luz en aquella planta y cuando entré en el lugar de donde había salido la mujer sólo encontré camas amontonadas y cajas… de esta enfermera ni rastro, y no sé por dónde salió puesto que aquello estaba abandonado y mis amigos no vieron nada....dicen que los fantasmas no hablan pero a mí me habló con dulzura.

Preguntas y respuestas

Ahora vamos a conocer una serie de preguntas que algunos de mis lectores me han planteado para este libro. Desde aquí agradecer su colaboración e interés.

David: ¿Cuál es la parte del hospital que más te ha impresionado?

El sanatorio es impresionante todo en sí, me cuesta decidir un único lugar porque hay muchas estancias y zonas que son realmente impactantes, pero si tuviera que quedarme con una solamente, posiblemente elegiría la planta nueve que, por cierto, ¿por qué la tiraron? Dicen que para construir una terraza, otros afirman que para terminar con su leyenda. La verdad es que no lo sé, de hecho he querido profundizar en este aspecto, pero no he llegado a encontrar nada significativo, por lo que el capítulo que quería dedicar a éste y otros asuntos ha quedado en el aire.

Retomando su pregunta le diré que la planta nueve ha sido el lugar más impactante en cuanto a fenómenos se refiere, además esconde algún secreto oculto y, seguramente, muy negro que, tiene que ver con la historia pasada del sanatorio, es por eso que me quedo con esta zona del hospital. Aunque la planta baja, donde está el cine también es espectacular, igual que la Capilla antes de ser reformada.

Natalia: ¿Cuál ha sido la experiencia más escalofriante que has tenido en el hospital?

Ha habido muchas, la mayoría las he contado en este libro y en los anteriores, pero más que una experiencia concreta, prefiero quedarme con otras cuestiones que considero mucho más importantes, y es que las comunicaciones a nivel de ouija y psicofonías me han demostrado que detrás de estos fenómenos no existen entidades malignas como nos venden a diario en los medios de comunicación y las redes sociales. Tras lo paranormal se esconde un mundo inteligente y apasionante que nada tiene que ver con lo terrorífico, al menos esta es mi experiencia de diez años y centenares de sesiones de contacto.

León: ¿Alguna vez te has llevado un espíritu o ente agarrado a casa?

Nunca, y digo nunca, he tenido una mala experiencia en este sentido, es más, creo que lo que comentas es imposible, al menos para personas no sugestionables, porque es cierto que si eres alguien muy creyente o con facilidad para sugestionarte puedes tener problemas en este aspecto, pero dudo mucho que sean entidades, más bien puede ser un problema creado por nosotros mismos; aunque claro, tampoco quiero afirmarlo, puesto que sé que hay personas que lo han pasado mal y me dirán que ellos sí se llevaron un ser pegado... sin embargo, yo, soy sincero, jamás me ha pasado nada de lo que comentas.

Carles: ¿Alguna vez has llegado a sentir preocupación o miedo por alguna situación en el hospital relacionada con fenómenos paranormales?

Me han impresionado muchas cosas y he llegado a inquietarme en ciertos momentos, pero jamás he sentido miedo por los fenómenos paranormales. Aunque sí he sentido miedo por otras cosas, como creer que había gente poco amigable en el edificio y sentirme perseguido, pero después de un rato he llegado a darme cuenta que no había nadie más; entonces supe que era algo paranormal y el miedo desapareció.

Pablo: ¿Qué hicieron con todo el material que sacaron del hospital en la última reforma?

Pues no tengo ni idea, Pablo. Para responder a esa pregunta debería preguntarle a los responsables del edificio. Yo me ocupo de la parte paranormal, y un poco de la historia, pero con respecto a tu pregunta no sé nada, lo siento.

Jordi: ¿Por qué se abandonó el hospital?, ¿por qué lo dejaron todo?, ¿por qué hay habitaciones tapiadas?

Se abandonó por una razón muy sencilla, porque dejó de ser rentable cuando apareció el nuevo tratamiento para enfermedades como la tuberculosis, entre otras.

No lo dejaron todo, en teoría una empresa de limpieza se encargó de limpiar a fondo, lo que años después el lugar se utilizó como almacén de un conocido hospital de Barcelona. Quizá los restos humanos y los archivos pertenezcan a este hospital, no lo sé.

Lo de las habitaciones tapiadas no te lo puedo responder porque no lo sé, aunque dicen que una puerta tapiada de la Jungla da acceso a la antigua morgue del sanatorio, quién sabe.

Otros libros del autor

SERES DE LUZ
Miguel Ángel Segura

LOS MISTERIOS DEL
LLAC PETIT
Miguel Ángel Segura
La leyenda negra...

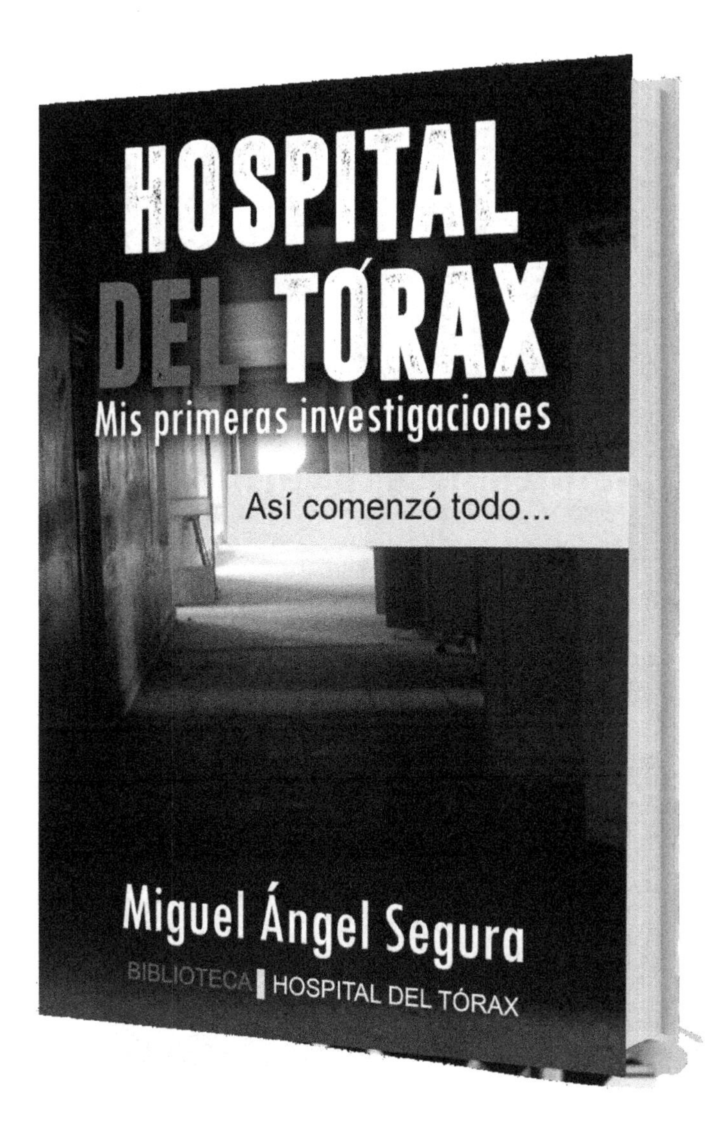
HOSPITAL
DEL TÓRAX
Mis primeras investigaciones
Así comenzó todo...
Miguel Ángel Segura
BIBLIOTECA | HOSPITAL DEL TÓRAX

MIGUEL ÁNGEL SEGURA
OUIJA
¿Quieres saberlo todo sobre la Ouija?

Miguel Ángel Segura
Investigación en el
HOSPITAL DEL TÓRAX
Nueva portada - 9ª edición

LOS MISTERIOS DEL
VALLES OCCIDENTAL
Investigación paranormal en lugares
insólitos de nuestra comarca
2ª edición
Nueva portada
Miguel Ángel Segura

MIGUEL ÁNGEL SEGURA
HOSPITALES CON
MISTERIO
UN RECORRIDO POR LOS HOSPITALES, PREVENTORIOS Y SANATORIOS CON MÁS LEYENDA NEGRA DE NUESTRO PAÍS
Rojo

MIGUEL ÁNGEL SEGURA
PUEBLOS MALDITOS
UN REPORTERO EN BUSCA DE MISTERIOS Y FENÓMENOS PARANORMALES
EDITORIAL CÍRCULO ROJO

Miguel Á. Segura
Colección Tras El Misterio
La Barcelona Extraña

MAS
ALLA
DE LA
MUERTE
MIGUEL ÁNGEL SEGURA
Editorial Círculo Rojo

MIS CENIZAS DE
BUDA
MICHAEL SAFE
EDITORIAL CÍRCULO ROJO

SOLO CONTRA TODOS
MIGUEL ÁNGEL SEGURA
EDITORIAL CIRCULO ROJO

Más libros en
www.miguelangelsegura.com

Mire el catálogo en la web y pídalos en su librería habitual

Índice

Editorial Segurama

Made in the USA
Las Vegas, NV
08 May 2022

48609623R00144